JN246166

老いてなお上々

お年寄りを笑顔にする50のスイッチ

お年寄りの笑顔のためのほんのちょっぴり長いまえがき

想像してみてください。

あなたはいよいよ老いを迎えました。

その時、どんな心境ですか？


こうなったのなら、今後はこうしていたい……。

こうなったのなら、これからはこうありたい……。

こうなったのなら、できる限りつらい思いも情けない思いもしたくない……。

自分の人生が終わっていくことを感じた心の底には、いろいろな思いが渦巻くことでしょう。その時、これまで生きてきた中ではあまり感じることがなかった考えが、心に浮かんでいるかもしれません。

どうやら老いを迎えた人の「ふつう」って、そうではない人の「ふつう」とはちょっと違うようです。**だからこそ、まずはその違いを知って、お年寄りの「ふつう」を基準にした高齢者ケアをすればいい。これがいちばんシンプルな結論じゃないかと私は思っています。**

そして今回、みなさんに手に取っていただいたこの本は、お年寄りの「ふつう」を基準にした高齢者ケアの方法をまとめた本です。題して、「老いてなお上々　お年寄りを笑顔にする50のスイッチ」と申します。

※

私は、高齢者と高齢者ケアを取材しているフリーランスライターです。2011年の春から、独自の取材スタイルで「人生の最後の時間を生きるみなさんの声」を集めはじめました。

その取材をしていく中で、高齢者ケアを実践する方々ともたくさん出会ってきました。中には、上手に高齢者ケアをする人もいましたし、逆にお年寄りをケアすることが苦手でうまくいかない人もいました。また、いろいろな施設やいろいろなご家族とも広くお付き合いさせていただきました。そのようにして、できる限り高齢者ケアの全体像をとらえられるよう取材を続けてきました。

さらに、私自身も夜勤専任介護士として有料老人ホームで3年間勤務し、それ以外にも高齢者向け移動教室「来てくれる教室」という場づくり活動を立ち上げて、継続してきました。

現在の取材のメインはその「来てくれる教室」です。

訪問させていただく施設は年々増え、今では東京と神奈川あわせて13カ所に増えました。（2016年1月現在。基本的に月2回ずつ訪問。1回の訪問につき1～3教室）。年間では360教室ほど開催していますので、平均すると、ほぼ毎日どこかで10人前後のお年寄りとおしゃべりをして、密に接する時間作りや場作りをしているということになります。

これまでに知り合ったお年寄りは５００人以上。そのうち10人にひとりはすでにお年寄りとしての暮らしを終えて旅立たれています。

そんなお年寄りのための教室の先生役として。

夜勤専任の介護スタッフとして。

もちろん介護ライターとして。

または、ごく自然な一友人や、いま生きている同じ人間同士として。

私はこれまでさまざまな立場からお年寄りの心を見つめてきました。

いろいろな言葉を交わし、いっしょに泣いたり笑ったりしながら時間を積み重ね、できるだけ自然で、できるだけ人間らしい時間を過ごしてきました。そうしながら私は、お年寄りの「ふつう」についてずっと考えてきました。

※

さて、みなさん。

お年寄りの「ふつう」って一体なんでしょう？
また、介護や、医療や、家族や、地域や、制度が押しつけてしまいがちな「ふつう」って一体なんでしょう？

それについて以前、こんなことがありました。

私が夜勤専任介護士の仕事をはじめてすぐの頃のことです。私が、あるご高齢の方の夕食のお手伝いをしていると、その方が急に、

「……コーラが飲みたい」

とおっしゃいました。

とてもはっきりとした口ぶりです。でもその方は日頃、「痛い……、苦しい……！」と叫び声をあげていることがほとんどだったので、私はびっくりするとともに心が和むようなうれしい気持ちにもなりました。

「コーラですか。うーん、あとで相談してみましょう！」

私は前向きな感じでそう返事してみました。

年齢はもうすぐ100歳です。お体的にはコーラを飲んでも特に問題ありません。でも日中は車いすなので、誰かが押して手伝わない限り、コーラを飲むどころか買うことさえできません。そんな方が「コーラが飲みたい」とはっきりおっしゃってくれたんです。ともかくこれは、ちょっとしたうれしい事件です。よしよしコーラくらい、あとで担当介護士に相談すればきっと大丈夫だろう。私はそう思い、こう言葉をかけたんです。

「いいですね！　コーラ、きっと飲めますよ！」

すると、その直後のことです。私のすぐうしろにいた先輩介護士が、私の肩をぐいっと引っ張ってこう言いました。

「ねえ、ちょっと！　できるかどうか分からない約束なんてしないでくださいよっ！　個人的な判断でそんなこと言えませんから！」

かなりの剣幕でした。

ご本人がそばで聞いていようがお構いなしです。

「お金だってどうするんですか？　ご家族や看護の確認だって必要だし、ケアマネもなんて言うか分かりませんよ。施設ケアはチームケアですから、あなたの一存では何もできません！」

私は最初、この先輩は何か勘違いしているのではないかと思ったんです。でも、どうやら先輩は本気で言葉通りのことを言っています。私は段々そんな言い方はないんじゃないかと感じはじめました。

「ええ～！　いやいや、それはそうですけど、……でもまあ、コーラを一口か二口か飲んでもらうくらいのことですから」

私が精一杯こう言うのを、さらに遮るように先輩は言います。

「あのねえ、もし仮に、自分勝手にケアプラン以外のことをしたら入居者様に対する暴力と同じですよ……！」

重苦しい雰囲気を残して、話はそこで終わりました。

コーラが暴力……。

私はその言葉を聞くと、その場でしばらく思考が止まったようになってしまいました。

※

さて、みなさんは、この先輩をどんな人だと思いますか？

ひょっとしたら、頭が固くて心の冷たい人と感じたかもしれません。お年寄りの「ふつう」の気持ちをこれっぽっちも理解しようとしない人と感じたかもしれません。しかし、介護経験のある人や介護従事者は、この先輩にもそれなりに言い分はあるだろうと感じることでしょう。むしろ、高齢者ケアの「ふつう」を責任強く守ろうとしている人と受け取ったかもしれません。

では、この短い間に先輩がどう思ったのか。その一部を、ここに書き出してみます。


飲みたいはいいけれど、コーラでもし何かが起きたらどうする……？

飲み慣れない炭酸飲料のせいでむせ込んだり、それが原因で誤嚥性肺炎にでもなったらどうする……？

それが原因で高熱で苦しんだらどうする……？

それが原因で亡くなってしまったらどうする……？

万全を期してコーラを飲むにしても、それはどうやればいい……？

飲むとなれば経過観察が絶対に必要だが、そんなことに対応できるマンパワーがない……。

そもそもコーラを飲むことの確認、計画、予算などはどうする……？

それを考えているヒマはないし、話し合う機会もつくれない。なぜならもっと優先して解決するべき問題がすでに山積しているから……。

とにかく「いまコーラを飲みたい。ハイ、さあどうぞ」なんて単純な話じゃない……。

いや、まあ、もちろん、いまこっそり飲んでもらったとしても、特に何も起きないだろう。望みが叶うならば、それもいいかもしれない。いやでも、むせ防止のトロミは絶対に必要だ。そんなコーラ、飲んだっておいしくはないだろうな……。

いやいや、やっぱりどう考えても無理だ。仮に飲んでいただいたとしても、それを知ったご家族が難色を示すかもしれないし、クレームに発展してしまうかもしれない……。

ここはやはり現場の介護スタッフがいろいろ考えるより、看護やケアマネに判断を委ねてコンセンサスをとってもらった方が無難だろう……。

そもそもコーラなんて厄介な問題しか生まないんだから、そんな余計なことをいちいち考えない方がいいかもな……。

しかも、今回の言い分を聞いたら、次も聞かないといけなくなるかもしれない。これ以上、細かい作業を増やしたらそれこそ事故の元だし……。

いやそれどころか、隣の席の入居者にも同じことを言われてしまうかもしれない……。

その人がそもそもコーラが飲めない人だったら気の毒だし、不公平だとクレームになるかもしれない……。

そもそもこの発言は、このお年寄りにとってそれほど重要なことなんだろうか……?

わざわざ施設ケアの中でくみ取るだけの必要性があるのだろうか……？

先輩が考えたことはざっとこんなことかもしれません。このように、コーラを飲むだけでいくらでもチェック項目が出てきます。

これはもちろんコーラに限った話ではありません。一日に何度もトイレに行きたい、好きな時に散歩したい、お風呂に入りたい、家族に連絡したい、食事は刻まないでほしい、ぬるい味噌汁を温めなおしたい、朝はゆっくり寝ていたい、自由な気持ちで暮らしたい……。お年寄りの心にどんな思いが湧き上がったとしても、ケアする側はいつも「その先の状況」を考えないといけません。すると、多くの場合、「これはまあ、無理そうだね……」という結論になってしまう。

どうしてこんなことが起こるのか？

もちろんそれは、ケアする側に、「お年寄りを傷つけてはいけない。命を守らなくてはいけない。一人ひとりだけではなく全体も見なくてはいけない」という「ふつう」があるからです。

その「ふつう」がある以上、「コーラですか。きっと大丈夫ですよ」なんて言葉は、簡単にはその場にはそぐわなくなる。たとえ人間的な感情から自然にそう感じたとしても、そんな言葉はおいそれと口には出せなくなってしまうのです。

もちろん、そのことを理解できます。

なくてはならない大事な「ふつう」に違いありません。

でも、だからといって、お年寄りの思いをいとも簡単にかき消してしまって、結局「できなくてもしょうがない」で終わってしまうことが「ふつう」であってはならないはずなんです。

※

しかし私は、お年寄りの思いは常に何よりも優先されるべきだ、と言いたいわけではありません。

そのことは、お年寄りご本人にだって、もちろん理解できるんです。

（私が老いてしまったから、できないことがあってもしかたがない……）

これは分かるんです。でも問題はその先です。

（いや分かるんだけど、どうして？　なんでそこで話が終わってしまうの？　それに、なんでそんなに管理されて、厳しい態度で言われて、怒られたりしなくてはならないの？　じゃあ私のコーラを飲みたい気持ちは一体どうすればいいの？　この残念な気持ちはどこにぶつければいいの？　この悲しい感じは一体どうすればいいの……？）

お年寄りのそんな表情を見て、

「よしじゃあ、今からコーラ買って一口飲んでもらおう。看護チーム、大丈夫だよね？　介護チーム、一応家族にも連絡しておいて！」

と即決してくれる人もいなければ、その言葉を実現しようとする人が一人もいない。

「すみません！　ご家族と看護師にすぐ確認とってみますからもうちょっと待っててください。○○さん、コーラすぐに飲めるといいですね……！」

と同じ立場に立って残念がってくれたり、謝ってくれる人もなかなか現れない。このすれ違いは、お年寄りの心を痛めます。しかし高齢者ケアの「ふつう」の中では、その痛みは「仕方がない痛み」とされてしまうんですね。でも、心に痛みを与えたまま終わりでは、それこそ「暴力」と同じなんです。

私は、毎日毎日、腹が立って腹が立って仕方がありませんでした。身のまわりにこんなことが起こるたびに、ここはお年寄りのなんのための場所だと強く疑問を感じました。

……どうしてこのことが大問題にならないんだろう？

……みんな、しょうがないという空気のまま過ごしてしまってるけどなんで悔しくないんだろうか？

……そこで終わるのが福祉なんだろうか？

いや、もちろんそれでは意味がありませんよ。

そんな福祉は、高齢者の「生きる力」をただ奪うだけですから。

そうなんです。私が自分の取材や活動を通じて言いたいことはこの一点に尽きるか

もしれません。高齢者の「生きる力」を奪う介護や医療をしていては、何の意味もないんです。

そしてさらに私は、いろいろな経験を重ねました。

いろいろな人とも意見をぶつけ合い、お年寄りの言葉にもたびたび耳を傾けました。やがてその結果、こんな風に考えるようになったんです。

……結局、お年寄りの「ふつう」と高齢者ケアの「ふつう」はすれ違ってばかりいる。このままだったら、お年寄りは「ふつう」のことを「ふつう」に叶えることができない。だったら、こうしてみてはどうだろう。できない「ふつう」を考えても仕方がないから、できる「ふつう」を実現してみたらどうだろうか……。

私はそう思い立って、勤めている施設とは別の施設で、お年寄りの将棋の相手をするボランティアを始めました。

そんな悔しい気持ちから将棋ボランティアをはじめたので、その場で思いついたことやできることは可能な限り実践しました。するとちょっとした変化が生まれました。将棋のボランティアに行くたびに、そのフロアのみんなで集まっておしゃべりの会をすることがいつもの恒例になったんです。しかもありがたいことに、その内容や考えを施設側にも気に入っていただいて、レクレーションとしてお給料もいただけるようにもなりました。その資金で別のところでも会を始めました。そうやって、次の施設、また次の施設と活動が広がっていきました。それが、まえがきの前半でもすこしふれた「来てくれる教室」という活動の始まりです。

そして私は、やればやるほど必要とされていることに気づかされました。

衣食住のことは足りていても、衣食住だけでは人間は幸せに暮らしていけません。高齢者ケアの中の解決では、お年寄りのすべての解決にはならないんです。お年寄りが人間らしい幸福感の中で過ごしていくためには、自分の心の「ふつう」を自由に発散させる場や時間がもっと必要なんです。

だから私がつくっている場は、お年寄りのための「特別枠」だと私は考えています。ここではどうぞ心を自由に解放してください。

私はみなさんをケアしません。

管理もしません。

対等な社会人同士です。

私は、そんなつながりを高齢者の生活の中につくろうと考えました。そんな「ふつう」を取り戻すことが、施設ケアの中で暮らすお年寄りにとっていちばんの「生きる力」につながると確信したからです。

※

私は場づくりを続けました。

東京の都心にも教室を作りました。

神奈川の田んぼや自然に囲まれた地域でも教室を作りました。

暮らしぶりの異なる様々な地域で教室を作り、訪問する施設の種類も増やしました。認知症グループホーム、特養、老健、有料老人ホームにそれぞれ通い、さらにはご自宅に住んでいる中高年向けのサロンもはじめました。いろいろな地域で、いろいろなパターンのお年寄りを継続的に眺めていくと、お年寄りの「ふつう」がどんなものか、私にはもう少しはっきりと見えてきました。

それはおそらく、こんな「ふつう」です。

ふつうに平凡に生きていたい。
ふつうの社会人として存在していたい。
ふつうに季節や自然にふれていたい。
ふつうに穏やかな人間の感情にふれていたい。
ふつうのお年寄りとして幸せに生きていたい。
ふつうのお年寄りとして幸せに死んでいきたい。

そうなんです。結局のところ、お年寄りの「ふつう」って、ふつうの社会人がふつうに感じる「ふつう」と基本的には変わらないんですよね。

しかしもちろん、お年寄りの心の中には、「老いたこと」「生きること」「死ぬこと」への不安がどーんと大きく居座っています。そんな不安をできるかぎり踏まえながら、さまざまな「ふつう」を体験してもらうことが私の教室の目標です。その「ふつう」をすることで、お年寄りは人間らしさを取り戻します。不安に向き合う新しい考えや気持ちを持てるようになります。

そして私は教室をおこなうたびに、お年寄りの心の中のスイッチを押しているんです。


社会人としての気持ちをわき起こさせるスイッチ。

閉鎖的な生活空間に季節感を取り戻すスイッチ。

悲観的な未来に明るさを取り戻すスイッチ。

いまの自分の生活に満足や安心を感じるスイッチ。

そして、お年寄りの最大の関心事である「生きる不安、死への不安」を取り除くためのスイッチ。

「私は幸せに生きていていいんだ」と思うことができるスイッチ。

「私は幸せに死んでいっていいんだ」と思うことができるスイッチ。

お年寄りの毎日は「あなたのふつうは日々奪われていきますよ」という毎日です。しかし、私の教室では「あなたのふつうはまだ失われていませんよ」を体感してもらっています。もちろん現実的には、すでに失われた「ふつう」もあるし、失われていくだろう「ふつう」もある。そこに必要なのは何かと言うと、その整理なんですよね。その整理をうまくする助けをすればお年寄りはきちんとその場で幸せに暮らしていくことができる。不要な混乱も避けることができるし、不安も駆り立てなくてすむ。なによりもお年寄り本人が、自分で自分をつかむことができるんです。

私はそんな考えで、教室をどんどん開催しました。

教室以外の時間にも自然なコミュニケーションをすることが大事だと気がついたら、どんな時でもできるだけたっぷりコミュニケーションするよう心がけるようにしました。

私はそうやってあちらこちらで、毎日毎日、お年寄りの心の中のスイッチを押しました。

すると、さらに変化が生まれました。

表情の硬かったお年寄りも、しょんぼりとして輝きのなかった暮らしぶりも、少しずつ笑顔や明るさを取り戻していったんです。

夜、なかなか眠れなかったお年寄りが安心して朝までぐっすり眠るようになりました。座ってうつむいてばかりいたお年寄りが言葉の数や表情の豊かさを取り戻しました。スタッフの名前を覚えられなかったお年寄りも私の名前なら覚えてくれました。

そういった変化を目の当たりにしたケアスタッフさんは「このお年寄りはもっとできるんだ」と発見し、自分たちが思い込んでしまっている「ふつう」に疑問を持つようになりました。

こうやって、老人ホームのフロアには多くの笑顔がうまれました。

その笑顔は、たのしい笑顔ではありません。

うれしい笑顔です。

高齢者ケアに必要な笑顔は第一に「うれしい」からこぼれ出てくる笑顔です。

その「うれしい笑顔」はもちろん、接する私に特別な個性や感情があったからではなく、ただお年寄りの「ふつう」に合わせる態度でいたからだと思うのです。そんな態度そのものがお年寄りの心の「生きる力」につながるスイッチだったと思うのです。

※

私はこの本で、専門的な介護スタッフにも、専門知識に乏しいご家族のみんさんにもうまく活用してもらえるような高齢者の心のスイッチの押し方をお伝えしようと思っています。

そのスイッチはすべてお年寄りの「ふつう」を基準にしていて、そして必ず「うれしい笑顔」につながるスイッチです。この本を読んでいただいたみなさんの高齢者ケアが、ただの「介護作業」ではなくて、お年寄りの心のスイッチを押すためのアクションになることを私は心から願っています。

また、私はこの本をお年寄りにも読んでいただきたいと思っています。なぜなら多くのお年寄りはケアする側の「ふつう」に自分から合わせてしまっているからです。もっとこんなふうに手助けをしてもらえれば元気を出すことができる、ということをお年寄り自身にも気づいていただきたいし、それを伝えるための言葉を知って欲しいと思っています。

意味がある高齢者ケア。
おたがい様の気持ちで支え合う福祉。
介護する側がつらい気持ちにならない介護。
この本がそのための一助になればこれ以上にない幸いです。

２０１５年12月

高齢者のための移動教室「来てくれる教室」
富永幸二郎

目　次

第1章　お年寄りと「接する」ときに押したい心のスイッチ

第2章　お年寄りと「会話する」ときに押したい心のスイッチ

第3章　お年寄りの「暮らしや環境」の中に置いておきたい心のスイッチ

第4章　お年寄りの「生きる気持ち」が前を向くための心のスイッチ

第5章　高齢者ケアをする人のための心のスイッチ

第1章

お年寄りと「接する」ときに押したい心のスイッチ

1　名前を呼ぶ。

私がお年寄りと出会ったら、まずこんなことを確認します。

幸せそうか。

幸せそうではないか。

さて、あなたの目の前にいるお年寄りは幸せそうに暮らしていますか？

もちろんそれは、あなたの幸せの基準ではありませんよ。お年寄りご本人が幸せを感じているかどうかです。中には、「ここまでやってあげてるんだから、幸せだって思っててもらわないと困るわ！」なんて感じている方もいるかもしれませんが。（笑）

でも、幸せかどうかなんて雲をつかむようなことかもしれません。もし「幸せがどうか」が分からなかった場合、「不安がないかどうか」と置き換えて考えてみてください。

お年寄りの不安はそれぞれです。

障害、病苦、認知症状、これからの生活や変化への不安……。それが整理ができないくらいに重なってしまい、大きく重たくなってしまっては、お年寄りは生きていく意欲を持ちにくくなり、幸せな気持ちでも暮らしていけなくなります。

私の教室では、その不安を打ち消すスイッチをどんどん押し続けています。**その具体的な方法は、これからこの本でたくさん紹介していきますが、まず大事なことは、「私はこの場の一員なんだ」と感じてもらうことです。この場とは、社会であり、教室であり、それぞれのコミュニティーであり、それぞれの家族です。**

あなたはここの一員です。私もここの一員です。私はあなたの味方で、ここにいるのはみんな仲間で、困っていることがあったらきっとみんな助けてくれますよ。

このメッセージをしっかりと送り続けることです。

そうするために私がこだわってやっていることがあります。

それは「名前」を呼ぶことです。

用事があるときだけではなく、あいさつのときやみんなと話しているとき、いかなる場面でも相手の名前を呼びます。

「○○さん、こないだこんなことがあったんですよ～！」

こんなふうにわざわざ名指しで話しかけるんです。一回でも多く、いろいろなタイミングで名前を呼びかけ続けると、「あなたは大切な仲間です、あなたのことはいつも気にかけていますよ」という思いがじんわりと伝わるんですよね。


それと同時に、私の名前も告げます。

「○○さん、横浜から来た富永です。また遊びに来ましたよ」

相手の正面から、相手の目を見て、時間もたっぷりとかけてあいさつをします。一人ひとりにあいさつして自分の名前を明らかにします。しかし、ケアスタッフさんの中には、

「名前なんてどうせ覚えてもらえないし、覚えられて用事を増やされても困るし」

なんて言う人もいます（笑）。

でも、名前を告げないことは逃げているって感じさせてしまいますからね。だから、覚えようが覚えまいが関係ないんです。あなたと私、一対一の関係をはっきりさせることで、「この人は私と積極的に関係を持ってくれようとしている」と安心感を持ってもらえるんですよね。

老いって解決ができない問題がたくさん増えることなんです。だからお年寄りは途方に暮れてしまいます。不安は重圧になって、心の主電源まで下ろしてしまいます。そうなる前に、

「あなたも私もこの場の一員ですよ。これからもずっとそうですよ」

という気持ちを込めて名前を呼んでください。

名前を呼ぶだけでそれは心のスイッチになります。それは、「私はあなたを助けます」と宣言するようなものですからね。

2　社会人として接する。

前の項の最後あたりに「心の主電源」と書きました。

人間の心はいつもブレーカーが上がった状態じゃないといけません。

家だってそうですよね。例えばアパートを借りるときだって、部屋を下見しているのに部屋の電気がつかなくて、慌てて不動産屋さんがブレーカーをあげたりすることもあります。アパートの場合なら、使っていない期間はブレーカーを切っておくのはわかりますが、人間の心はいつでもブレーカーはあがっていないといけません。


ブレーカーが下りた状態だと、どんなに小さなスイッチを入れてもオンにはなりません。では、ブレーカーを下ろした心ってどんな心でしょう？

それはきっと「社会人であることをオフにしている」という心だと思います。

年を取ると世界が狭くなります。社会からは一歩遠ざかり、人との交流も希薄になります。さらに施設ケアの中で暮らすとなると、まわりはすべて自分をケアする人になってしまいます。その状況では、自分のことをふつうの一社会人として感じにくくなってしまうんです。

ある施設で暮らしているお年寄りがこんなことをぼそっと言うんです。

「……私はここでなにをして生きているんだろう？」

そんな時、本当に置いてけぼりにあったような、なんとも言えない「心許ない」表情をするわけです。

しかし反対に、いつも生き生きとしているお年寄りもいます。いつでも、「よし何をしよう、よしこれでいこう」と視線の先に何かが見えている表情。言うならば「心許ある」表情をしているお年寄り。

その違いってなんだろうって観察していると、それはやっぱり、生きる場がきちんとあるかどうか、もしくは、社会とのつながりが保てているかどうかの違いなんですよね。

自分が社会人であること。

その感覚がなくなってしまうと人間は「生きる力」の基盤を失うし、「生きる心」さえも失ってしまいます。

私は「高齢者向け移動教室」をやっていますが、楽しんでもらうことや頭の体操が第一の目的だとは思っていません。いちばん大切にしている目的は「場」をつくることです。**場とは、自分が、自分として生きていく場です。ただ世話をされるだけの自分ではなく、ひとりの社会人として人と接し接せられる場。そんな場があれば、心は踊り出すんです。心が動けば体や頭だって働き始めるんです。**


「○○さん、いつまでも社会人でいてくださいね」

こんな言葉だって、スイッチになります。

もしくは、「奥さま」と呼んだり、「ご主人」と呼んだりします。100歳過ぎていても、「ねえちょっと、奥さま～！」でいいんです（笑）。

まわりから「社会人」として接せられれば、お年寄りはいつまでも「お年寄り」にならなくて済みます。それにはまずケアする側が、目の前のお年寄りを立派な社会人のひとりとして意識することが大切だと私は思っています。

3　特別あつかいする。

お年寄りは第一に「社会人」です。
そして、第二に「お年寄り」です。

まずは社会人として対等に接することが大事で、次に、お年寄りとして特別に接することも忘れてはいけません。なんだか矛盾しているようでややこしいですね。

でも、あなたが風邪をひいたときのことを思い出してください。

ひさしぶりに風邪をひいてしまって、のども痛いし、熱も38度近くからなかなか下がらない。ベッドで寝ていても体は熱い。胸はむかむかするし関節はきしむ。一人暮らしだから食事もままならない。どうにか病院だけは行ったけど、明日までには風邪を治して職場や学校に復帰しないといけない。そんなふうに苦しんでいるときに限って、

「風邪くらいで会社休まないでよ！」

なんて誰かに言われたりすると、誰だってがっくりきますよね（笑）。そんな時にそんなことを言われると悲しいし、つらいし、悔しいものです。

やっぱり忘れてはならないのは、ただのお年寄りなんて一人もいないということだと思うんですよね。お年寄りって、かならず何か抱えていらっしゃいます。

いつも痛みがある……。

不自由な身体が苦しい……。

弱った身体で生きていくことが不安……。

悲しみを抱えたまま終わっていくことが悲しい……。

それはもちろん、しばらくすれば治る風邪くらいのことではないんです。特に施設

に入居しているお年寄りはやむを得ない理由があってそこにいるわけですから、いつだって何かしら不安なことを抱えています。しかもそれは、ひとつやふたつではない。その不安の重なりを常に意識していないと、ついつい、

「〇〇さあん、それくらい大丈夫ですよ〜！」

「△△さんはもっと大変ですから、〇〇さんはもっとがんばって！」

なんて言葉をかけてしまって、お年寄りの心を深く傷つけてしまったりします。まえがきにも書いたように、こちらの「ふつう」で考えて、相手の「ふつう」を考えきれていないと、そんな失敗をしてしまいます。

本人にとっては自分の痛みがすべてです。

痛ければ痛いし、初めてであればつらい。不安であれば慰めてもらいたいんです。症状が重いかどうかではなく、症状があればつらいんです。他の誰かと比較してどうかでもないんですよね。

お年寄りは誰でも「痛み」、「悲しみ」、「不安」を持っています。

だからこそ、お年寄りはいつでも特別なんです。

そんなふうにいつも考えていて、その考えが態度や接し方でお年寄りに伝われば、それはお年寄りにとって心のスイッチになります。薬にだってなりますし、栄養にだってなるでしょう。すると、お年寄りの心の中に、「がんばろう」という思いが湧き上がってくれるものです。

4　あいさつを工夫する。

それでは少し、私が教室で実際にやっている接し方をご紹介しましょう。

ここではあいさつについて。

私はあちらこちらで教室を開催して場作りしていますが、教室をやるだけでは半分だと思っています。残り半分は、名前を呼んであいさつをしに行っているのだと思っ

ています。私のあいさつのポイントをいくつか書き出します。

・その日最初に目が合ったとき、すぐ名前を呼んであいさつする。その時、「この人に会えてうれしい」という明るい表情をパッと見せる。

・お年寄りとのあいさつを最優先にする。スタッフさんやご家族と話していても中断する。

・にっこり笑って、親しげに、仲間に呼びかけるようなあいさつをする。

・まだそれほど打ち解けていない人や社会性を重んじる人には、直立不動でしっかりと頭を下げてあいさつする。

・できればそのときに握手する。もしくは肩やひざにふれる。

・できればそのときに正面まで行って、ひとしきり体調の話やご家族の話をする。前回の話（病気をしていた、お礼をすることがあるなど）があればその話をする。

・お邪魔しちゃってすみません、いつも話を聞いてくれてありがとうございます、と自分のことは下げる。

・ひとりひとりにあいさつし終えると、全体に向かってあいさつする。
・全体へのあいさつは、より社会人らしくきっちりと礼儀正しく改まった感じでする。
・自分の肩書きや、今日来た理由をはっきりと紹介する。
・自分が住んでいる場所、自分の名前、自分の特徴を紹介する。
・自分と相手との関係やそのお付き合いの長さを紹介する。
・なるべくいつも同じあいさつをする。

意識無意識にやっていることを、思いつくままいろいろと書きましたが、要は、気のあった仲間同士でするような、ふつうのあいさつを心がけているだけです。そこに、お年寄りが安心感を得やすいような工夫をちょこっと加えるという感じですね。

お年寄りに認知症状がある場合は、じっくりと時間をかけてあいさつをします。

認知症状があっても、5分、10分かけてゆっくりと引き出せる記憶や感覚がありますからね。（認知症は忘れてしまう症状ではなくて、記憶を引き出しにくい症状です）。ある有料老人ホームにお住いの女性の場合は、いつも、私の教室が10分くらい

進んだところで、

「……あ～、この感覚か。思い出した」

と、おっしゃいます。

ゆらゆらと途切れかけている記憶がふっとつながるんですよね。私は「おっ！」って心の中で感動します。ほら、ちゃんと覚えてるだろって思うわけです。私はいつも、それぞれの認知症状の深さのようなものを感じ取りながら、いつも通りのあいさつや自己紹介を何回か繰り返します。

記憶がつながらない場合ももちろんありますよ。でも、親しげなあいさつにじっくり時間をかけることで、（どうやらこの人は前から知っている人で、信頼できる付き合いをしている人のようだな）と逆算するように感じとってもらえることもあります。大事なことは、あいさつでつながりを思い出させることよりも、感じてもらうことなのかもしれません。


あいさつって当人同士の関係性を確認する場でもあります。

関係があいまいなままだと不安になります。心だって、こちらを向いてくれません。しかし、しっかりあいさつすることで関係がはっきりすれば、そこに安心感も感じてもらえますし、「生きる力」をわかせる点火スイッチにもなるものなんですよね。

5　うれしいをつくる。

もう少し、あいさつの話。

前の項に書いたように、あいさつはお年寄りの「不安」にもなるし、「安心」にもなります。

スポーツをする時にしっかりと準備体操をして筋肉や関節をほぐしておかないと固まった体をスムーズに動かすことができません。それと同じように、相手のことを認識することもお年寄りには若い頃のようにはできないんです。相手がどんな人だか、相手とどんな会話があったのか、その記憶がよみがえるのに時間がかかる上に、説明がよく聞き取れなかったりもしますから。

だからあいさつを適当にするとお年寄りはその相手との空気をうまくつかむことができずに、流れに乗れず、心を閉ざします。それはお年寄りにとって、もちろん悲しい体験なんですね。そういった「場に乗り切れない」ということはお年寄り共通の悩みかもしれません。


それについてこんな話があります。

私はたまに、「どうすればレクリエーションが盛り上がりますか？」という質問を、訪問した施設などでしていただくことがあります。でも、私はレクリエーションを盛り上げるためにレクリエーションをやってるんじゃないんですよね。お年寄りの毎日や人生を盛り上げるためにレクリエーションをやってるんです。

だから私はいつもこんな感じで答えています。

「レクリエーションを盛り上げるには、笑わせたり、喜ばせたりしなくていいので、うれしい気持ちになることをたくさんしてください。まずはあいさつや世間話をしっかりして、ひとりひとりに場に溶け込んでもらうといいですよ」

障害や病苦があるために施設で暮らすお年寄りにとって共通の思いって、老いちゃって不安だな、情けなくって悲しいな、という気持ちですからね。それをフォローするのは楽しい笑いでもなく、おもしろおかしい笑いでもありません。それはうれしい出来事だと思っています。

高齢者向けのレクレーションの最大の意義ってそこにあるんじゃないでしょうか。自立度の高い中高年ならともかく、施設で暮らす方々には「毎日が退屈」なんてことは些細なことなんです。そんな訴えがあったとしても、根本にある重大なことは自分が老いちゃったことや、その不安なんですよね。**そんなお年寄りが心の底から必要としていることは「安心して暮らしていける自信があること」や「不安な気持ちをわかってくれている人がいること」だと思うんです。**

お年寄りの毎日に必要なのは、心が温まるようなうれしいことなんです。心のスイッチになることとは、不安を打ち消してくれるようなうれしいことなんですよね。

だから私の教室では「楽しい笑顔」よりも「うれしい笑顔」を意識しています。

それをうまく引き出すためには、お年寄りがどんなことがうれしいのかいろいろと逆算してみることとです。そのエッセンスを高齢者ケアにも加えていけば、自然にお年寄りは毎日の暮らしに集中するし、熱意を持って生きていくことができます。そうすればお年寄りの毎日も盛り上がるんじゃないかと思うんですよね。

6　いっしょにする。

老人ホームって、どういうわけかよくものが失くなりますよね。

あったとか、なかったとか、犯人は誰だとか、盗ったとか盗られたとか、いや最初っから失くなってないとか、そもそも最初っからそんなものはなかったとか（笑）、まあ、しょっちゅうやっています。

ある時、「〇〇さんの本が失くなったそうです。富永さんのバッグに入り込んだんじゃないかって言ってるんですが……」と、施設の方から連絡をもらったことがあります。

私は横浜の家から東京の施設に飛んでいきました。

でも、失くしたものを探すために行くんじゃないんですね。放っておかずに、それは大変だとリアクションするために行くんです。

「すみません～！　僕がこんなバッグを持っていたばかりに。う～ん、この中にはないんですよねえ。でも僕も責任を感じちゃって～。いっしょに探そうかと思ってうかがいましたが、いや、本当心配だわ……」

高齢者ケアの中の失くし物って、いろいろなケースがありますよね。**でも私が思うに、失くした物を探し出すこととは別に、心の中の失くし物に気がつくことのほうが大事だったりするんです。それはつまり自信ですよね。自信を失ったことで、不安という問題が生まれてしまいます。**だから、「いっしょに探しましょう。いっしょに探しますから大丈夫」と隣に立つことで不安はゆっくりと解消に向かいます。すると、失くし物が出てこなくても問題が解決してしまったりもしますし、逆に、たとえ失くし物が見つかったとしても、協力的な人が現れなかったことが大きな不安として残ってしまったりするんですよね。

話は変わって、私の教室ではよく歌になります。でも、歌を歌うとき、「さあ、みんなで歌いましょう～！」とは私は言いません。私は勝手に歌いだすんです。

「そろそろ夏ですね～。……う～のはな～の♪」

そうやって歌い始めると、みんな勝手に歌いはじめてくれます。歌いましょうではなくて、会話の流れで自然に歌っちゃうんです。

私は、「いっしょにやりましょう」とは言いますが、「みんなでやりましょう」とは言いません。ここがポイントですが、この違い、分かりますか？

ある特別養護老人ホームに、みんなの輪には絶対に入らない、歌なんて頑なに歌わない、そんなご主人がいらっしゃったんです。ご家庭でも酒に酔ってちゃぶ台をひっくり返すタイプ。それでも私は、教室の間に何度もその人と目を合わせまくるわけです。名前も何度も呼びます。歌を歌っているときも、その人の目をじ～っと見て歌います。（ちなみに私は、歌を歌うときはいつでも満面の笑みで歌います。笑）。さて、するとどうなるかというと、その方は私につられるように表情がやわらかくなっていき、やがてところどころですが歌を歌ってくれるんですね。

施設のスタッフさんは「ま、まさか、○○さんが歌うとは！」と驚くわけです。ただ、私としては、歌おうが歌うまいがどっちでもいいんです。まわりとの距離を遠いままにしておかないために、「僕といっしょに歌いましょうよ」って気持ちを伝えているだけなんです。

失くし物は探し出すことだけが解決ではありません。

歌は歌わなくってもいいんです。

大事なことは、「いっしょにやりますよ」と伝えることです。「私はあなたといつもいっしょにいますよ」とメッセージを送ることなんです。逆に、それがないまま淡々

と失くし物を探し出したり、義務のように歌を歌わせたとしても、それはただの作業や一方的な指示になってしまうんです。

私の教室では、「生きる力」を自分の力で自分の中に作り出すきっかけづくりをしているに過ぎません。つまり、何かをどう変化させることが目的ではなく、一人ひとりのそばに行って誘うことが目的でなんです。それこそ心のスイッチを押しているだけ。私がやっていることはそこで終わりで、実際に変化するかしないか、一歩動くか動かないかは本人の自由なんです。

7　いっしょにがんばりましょうと言う。

「いっしょに」って魔法の言葉ですよ。
これほど強力な心のスイッチはありません。

たとえば早口言葉。マヒなどがあって言葉がなかなか出ない人に早口言葉をうながしても、なかなか早口言葉を言ってくれなかったりします。でも、「じゃあ、○○さん。私といっしょにやりましょう。せ～の～、な～ま～む～ぎ～……」とはじめると、「な～ま～ご～め～、な～ま～た～ま～ご～」って、つられるように言ってくれるんです。

誰だって本当は言ってみたいんですよ、早口言葉って。でも言いたくない理由がそれぞれある。でも、それをとっぱらってしまうのは「いっしょに」やってくれる人の存在なんですよね。

高齢期ってひとりで過ごす時間がとっても長くなりますからね。

社会からも遠ざかり、家族とも別に暮らしています。老人ホームの中に誰かがいたとしても誰ともつながっている感じがしません。お年寄りはいつもひとりでいる感覚で過ごしています。だから「いっしょに」という言葉はお年寄りの心にすーっと沁みこむんです。

そもそも人間って、自分のそばに誰かの心がないと平静に生きていくことができないものですよ。**だから本当は、高齢期を迎えた人の心のそばにこそ誰かの心が飲み水のようにいつもあるべきだと思うんですよね。それは別に濃くなくていいので、いつも自然にそこにあって、いつまでも長く、最後まで離れないことが大切なんだと思います。**

でも、いつもいっしょ、いつまでもいっしょにとはいきませんよね。

たとえば、お年寄りの居室を訪問したときにもどこかで切り上げないといけなくなります。でも、相手の顔を見ていると、まだ満足していないようだったり、心の穴がぽっかりと空いてしまっているように見えたりもします。そのままひとりぼっちにはしておけなくて、……あと5分、……あと10分と滞在が延びてしまいます。

それでもやがて帰る時間になる。そんなときに私は、後ろ髪をひかれる思いのまま、こんなふうに言います。

「まあ、いっしょにがんばっていきましょう。大丈夫、大丈夫、みんないますから」

たくましく明日を向くような声でそう告げます。

「僕もがんばります。おたがいがんばりましょう」

今日はここで終わりだけど、ずっと一緒ですから。

そんな気持ちを込めます。


お年寄りに「がんばってください」っていうと悲しい顔をされますが、「いっしょにがんばりましょう」というと表情に光がさすんですね。


そんな言葉のスイッチにお年寄りの心は励まされます。

逆に、がんばれと言われてしまうと、突きはなされた、置いてけぼりにされた、取り残された、と感じてしまうのかもしれません。

「おたがいにがんばりましょう。いっしょにがんばりましょう」

こんな言葉とともに誰かの心が自分のそばにあること。

そんなこともやっぱりお年寄りの「うれしい」につながります。

お年寄りの心の中に「うれしい」を作るのは、何かをしてさしあげたり、何かをプ

レゼントすることじゃなくて、ケアする側が「心」を示すことだと思います。そして、その「心」をそこに置いて帰ることのような気もします。

8　自分を下げる。

「ほら、お母さんしっかり！」

「おかあさん、娘の○○子ですよ！　ねえ、忘れちゃったの！」

たまにこんなふうに言っているご家族の方がいます。

認知症状があってもなくても、お年寄りは記憶を引き出すのが難しくなります。テレビのつけ方とか、洋服の着方などでさえ、やり方をパッと思いつくのが難しくなり、見た目には動作がのろのろしているように見えます。**それは手や足の力が落ちるのと同じで、考える力や判断する力が落ちているということです。だから、思い出せ**

ないことを責めたり、急かしたりするような言い方をするのは、持てない荷物を無理に持たせているのと同じなんですよね。

ご家族には、なるべく昔のままをキープしてもらいたいという気持ちがあるのかもしれませんが、持てない荷物まで持たせようとするのはお年寄り向きじゃないし、生きる力を失わせるだけです。

しかし、だからと言って、すべてやってあげよう、なんでも手伝ってあげようというのも違いますよね。「じゃあ、どっちなのよ！」って話になるかもしれませんが（笑）、これも接し方にポイントがあるんだと思います。

これはある施設でのことです。

午後からの教室のために私がうかがうと、ある男性がレクリエーションの参加をうながされていました。男性はお部屋で食後の昼寝をしていました。すると、30代女性のケアスタッフさんがベッド脇にしゃがみこんで、その男性の耳元で小さく「ね〜え〜」ってささやきながら、ほっぺたを指先でツンツンとつついたんです。そして、

「ね～え、〇〇さあん、富永先生の教室、行っくわよ～」って。

私はどうも頭を抱えちゃんですね（笑）。

いやいや、その雰囲気はとてもいいと思うんですよ。文字で書くと「ね～え～♡」って感じかもしれません（笑）。でもやっぱり、「行っくわよ～」じゃなくて、「行きましょう～」とか「行きませんか～」がベターだと思うし、ほっぺたをつつくというのもねえ……。

そもそもお年寄りって「愛情」をかける対象ではありませんよ。かけるなら「親しみ」だと思うんです。

そこをはき違えるとなんだか子どもをあやすようになりますよね。**あやすような高齢者ケアは相手を下げてしまっています。でも、お年寄りの接し方は、相手を下げるんではなくて自分を下げるべきなんです。**

お年寄りはリードして引っ張るものではありません。

後ろから従って支えるものです。

お年寄りは下から見上げて、下から支えること。後ろにそっと従って、時々顔を立てながら、言葉少なにフォローすることです。もちろん腫れ物に触るように敬い奉るんじゃなくて、ふつうに年齢の分の年長者として年月分を敬って立てればいいんですよ。人間としての対等さはあるんです。でも、お年寄りには勝っちゃいけないんです。なぜならば負かさないことがお年寄りの生きる力を支えますからね。

間違ってもお年寄りを「弱くなった人」として扱わないことです。弱くなったんじゃなくて、負荷を持ったんです。

そんな相手の状況を見て自分の態度を変えないでください。自分の立場を上にしないでください。どんな時も自分を下げる。そんな接し方を保つことがお年寄りの心のスイッチをいつもオンに保つことにつながります。

9　おたがい様ですと言う。

高齢者ケアは、若い世代がお年寄りを助けるものではありません。人が人を助けるものです。高齢期を迎えた人を、まだ迎えていない人が助けるものです。これほどおたがい様のことはないんです。


夜勤業務中。深夜に何度もトイレに行くお年寄りがいました。

５分おき10分おきにコールが鳴ります。

「いつもすみません……」

か細い声でそうおっしゃいます。不甲斐ないような、申し訳なさそうな、悲しい表情をなさっているので、

「いえいえ、おたがい様じゃないですか」

とつとめて明るくこたえます。

すると、救われたような表情をされるんですね。私もまたそこで確実に救われるんです。……ああ、ほんの少しかもしれないけど、つらい気持ちがなくなってくれた。

そんなふうに感じるわけです。

お年寄りにお礼を言われたり、お詫びを言われたり、何かをほめられたりするたびに、私は何度となくこう返してきました。

「いやいや、おたがい様じゃないですか～」

照れながら言ったり、にっこり笑顔で返してみたり。

「お礼には及びません。おたがい様ですから」

そんな風に男らしくきっぱりと言い切ってみたり。

すると、意外そうな顔をして「……えっ？」って驚かれることもあります。でも意外性のある一言って人の心によく響くものですからね。その一言は、ぐぐっとお年寄りの心に伝わって、こちらの思いが広がっていきます。

「おたがいに同じ人間で、おたがいに弱い人間で、おたがいに歳は等しく取るものじゃないですか。おたがい別物でなければ、条件が違うわけではありませんよ。たまたまタイミングが違うだけですから何も気にしないでくださいね……」

こちらのこんな気持ちが伝わると、お年寄りはふうっと安心しくれます。表情が前を向いてくれます。スイッチが入る音がパチンと聞こえてきます。

でもそれって自分に対して言い聞かせてもいるんです。

高齢者ケアにおいて、ありがたいもなければ申し訳ないもないんです。なぜなら高齢者ケアの中で起きるどんなこともいつか自分にも起きるかもしれないことですから。だから高齢者ケアで起きることは全部、おたがい様なんです。

「おたがい様ですよ～」

もしあなたがケアスタッフならば、たまに誰かに言ってみてください。相手が分かってくれようが分かるまいが関係なく、にっこり笑って自信満々で言ってください。あなたの心で相手の心をじんわりと温かくする、とてもいい言葉だと思いますよ。

10　心に向かってアクションする。

さてここまで、お年寄りと接するときに押してもらいたい心のスイッチについてまとめてまいりました。

お年寄りには、お年寄りの「ふつう」があります。それは基本的には、まだお年寄りではない人の「ふつう」と変わりありません。でもお年寄りは、自分がお年寄りになるにしたがって新たな「ふつう」を抱え込んでしまいます。それは、見た目の変化であったり、能力の低下であったり、病苦、マヒ、認知症状であったり、社会とのつながりや距離、自分の人生の可能性が少なることであったり。そのようなさまざまな「変化」から、新たな「ふつう」を持たざるを得なくなるんです。

お年寄りの中のにはふたつの心が入り混じっています。

それは、「社会人としての心」と「お年寄りとしての心」です。

時にアンバランスになってしまいがちなふたつの心をしっかりと見つめることが、

高齢者ケアをうまく進める大きなポイントになるんだと思います。

多くの人間は、人生の最後に老人になります。

老人になると、障害を持ったり、不自由さを抱えたりしながら、暮らしていかなくてはいけません。これまでできて当たり前のことができなくなり、おそらくもう二度とそれはできるようにはならない。それは特別なことではなく、多くの人間が当たり前のようにそうなるんですよね。

ちょっと想像してみてください。

あなたは人生最後の日々を老人ホームで暮らしています。老いた体を抱えながら、あなたは毎回のトイレを誰かに手伝ってもらわないといけません。その時、どんな気持ちがすると思いますか？

ケアスタッフはもちろんみんな他人ばかりです。

そんな相手に「おしっこがしたい」と頭をさげなくてはいけません。

身体を持ち上げてもらって、「よっこらしょ」と掛け声を言われながら便座に座らせてもらいます。それを一日に何回もです。忙しそうな人にも、異性の人にも、相性が合わない人にもお願いしないといけない。下着を上げ下げしてもらい、お尻をふいてもらい、出た物を流したり始末してもらう……。

それは誰にだって当たり前に起こり得ることです。

いろいろな不自由を抱えながら、人の助けを得ないとうまくいかないのが老いるということなんです。

高齢者ケアって、お年寄りの身体や生活に対してのアクションのようですが、お年寄りからしたら心で受けるアクションばかりなんです。だから、どんなに作業的なことも、身体や生活の向こうにある心に対して働いていないとお年寄りの助けになりません。

それって愛情とか、優しさとか、真心とか、そういった大げさなことじゃなくて、ただ、「お年寄りにはお年寄りのふつうがある」ということを「自分の頭で考える」ということであり、「お年寄りには心がある」ということを「自分の心で感じる」と

いうことじゃないかなって私は思っています。

第２章

お年寄りと「会話する」ときに押したい心のスイッチ

1　季節を盛り込む。

第1章では、お年寄りと「接する」ときの心のスイッチについてお話ししてきました。

次の章では、どんな「会話」をすることがお年寄りの心のスイッチを押すことにつながるのかご説明したいと思います。

お年寄りにはそれぞれ「失っている感覚」や「失っているポイント」があります。以前だったらあって当然だったことがなくなれば誰だって悲しいし、不安になるものです。そこで、お年寄りとの会話をするときにお勧めしたいのは、「失ったもの」や「失いかけているもの」をそれとなく補ってあげることです。

そのひとつは季節感です。

「今朝は冷え込みましたねえ。押し入れからジャンパー引っ張り出して着てきましたよ！」

施設向けのレクレーションではかならず今日の「外の様子」と今日の「季節」を会話のきっかけにします。しっかりと伝わるように少し大げさなアクションを加えたり、マフラーを巻いたまま登場したりもします。

外出する機会が減るお年寄りは、季節を感じる機会もどんどん減ってきます。そもそもお年寄りの体って、季節も感じにくくなっていますからね。目が悪くなれば窓の外の季節の移り変わりもぼやけますし、耳が悪くなれば虫の声や風の音も届かなくなります。その上、冷暖房完備の施設ケアの中には半袖のケアスタッフが一年中走り回っています。これでは季節感がなくなっても当然です。**だからこそ、会話や話題から季節を感じてもらうことが、体のためにも頭のためにも心のためにも、とても大事になります。**

しかしお年寄りの中には、

「へん！　こん中に住んでれば外の季節なんてわかんないよ！」

こんなひねくれた切り返しをしてくる人もいるわけです。でも、へこたれてはいけません（笑）。

「いやあ、お花見の季節ですよ。落語の長屋の花見ってありますが……」

「まあ、外は毎日暑いです！　うちの町内では盆踊りの練習がはじまりまして……」

「いい季節といえば食欲の秋ですが、ついに七輪をわが家でも買いました……」

「さて、もうすぐお正月ですね。冬支度はみなさん済ませてますか……」

こうやって季節をシャワーのように浴びせます。

基本的には、季節の話って誰にでも共感できることですからね。世代や人生経験に関係なく気持ちをつなげられるものです。新しい季節の到来ってどんな人の心に温かいものを残すものですからね。

そして、できることなら季節の話題は少し先取りで伝えます。

季節の変わり目は急に寒くなったり急に暑くなったりしますから、その半歩先に、「これから寒くなるらしいから気をつけよう」、「暑くなるって言っているから水分をとろう」というスイッチはじわじわと押し始めます。何事にもリアクションがゆっくりなお年寄りには間に合わなくなってしまうんですね。

施設で暮らしていなくても、日頃外出することが少なくなるお年寄りはどうしても季節から遠のきます。３、４日外に出ないなんて当たり前にもなります。**だから、いかに季節を言葉にして、いかに五感に届くように伝えるか。季節の会話をすることは心のスイッチを押すということでもあり、命のスイッチを押すことにもなるんだと思っています。**

2　過去の話をする。

「会話する」ことも、お年寄りにはうまくできなくなることのひとつです。**記憶をたどるのに時間がかかったり、言葉をうまく思い出せなかったり、話の順番が整理つかなかったり、そもそも入れ歯ではっきりと言葉がでなかったり、耳が遠く**

て相手の言葉がすんなり聞き取れなかったり……。会話するなんて単純なことのように思えますが、お年寄りにとってはいくつもの厄介な障害があります。すると、相手に対する遠慮が生まれたり、自分から話そうって意欲がどんどん低下してしまいます。やがて話す機会がどんどん少なくなってしまいます。

だからこそ、「話そう」、「話したい」と感じるスイッチをうまく押すことが必要になります。

まずは相手にとって「話しやすい」内容を選ぶことが大事です。

前の項で触れた季節の話も話しやすいテーマですが、自分の昔話もお年寄りには話しやすい内容になるでしょう。誰だって自分の話をすることは慣れていますし、楽しいことですからね。これまで何百回と話してきた鉄板ネタや、武勇伝だってあるかもしれません。だからなるべく、お年寄りがいつも話したい過去の話を知っておいて、いいタイミングで水を向けてあげてください。

そして、近い過去というものも大きな会話のポイントになります。

「こないだの風邪、治りましたか？」

例えば、会ってすぐにそんな言葉をかけます。すると、

「そうなのよ～、昨日から部屋も出られるようになったのよ！」

そんな生き生きとした会話になります。本人にしてみれば、この2、3日ずっと気を揉んできた自分の風邪のことですからいろいろな言葉がすっと出てくるし、何しろ誰かに話したい気持ちをふつふつとさせているかもしれません。

「先月、ヘルパーさんと高島屋まで行ったんでしたっけ？」

「夏祭り、大盛況だったそうですね！　僕は来れなかったんですがどうでしたか？」

ちょっぴり記憶力チェックの意味も含めて、ちょっと過去の話題を掘り下げてみる。そうすると、お年寄りはちょっと過去と今現在がつながりますし、そんな話題は、「じゃあ、次はこうしましょうよ」といった近い未来の話題にもつながりやすくなります。

さらに小道具もあれば、それもぜひ使ってください。記憶を引き出す手助けになり

ます。例えば、そのエピソードに関する写真を見せたり、買ったものを出してきてみたりすると、途切れかかった記憶もすっと出てきて記憶の細部をしっかりと補うことができます。

そうやって最近の出来事の時系列を会話しながら整理してもらう。すると、会話も暮らしも生き生きとしてきます。**そんな会話がたくさんあれば、お年寄りは自分の今をしっかりと確認できますし、逆にそれがないと自分の今が曖昧になって、自分に自信を失ってしまうんですよね。**

目の前にいるお年寄りは、ひょっとしたら3日前と3週間前の記憶がぼんやりと混じっているかもしれない、そんな仮の前提をいつも意識しておくことはお年寄りを陰ながら支えることにつながると思いますよ。

3　未来の話をする。

過去の話が大事だと前の項で触れました。

もちろん、未来の話もお年寄りには大事な会話になります。

人間の心に必要なのは「実感、感動、期待」です。

まず生きている今この瞬間を「実感」すること。その実感は、よかったねえ、楽しかったねえという「感動」した過去として心に積み重なります。そして、それが原動力となって未来に対する「期待」がうまれます。理想は、「今の心のウキウキ」が「過去と未来の心のウキウキ」に挟まれている状態です。そうすると心はいつでも動き出します。


未来といっても、そんなに大げさな未来じゃなくていいんです。ほんのちょっとひとつまみでアクセントになります。

「私の名前は富永です。これからは毎月二回来ますので僕の名前、覚えてくださいね。今年の大晦日までに覚えてくれればいいので！」

そんな未来でいいんです。もちろん未来を強制するつもりもありませんし、プレッシャーにもしたくありませんから、ほんの話題のつもりで未来を加えます。それがちょっとした未来になっていて、心が少し未来を向いていて、明るい雰囲気で会話が終わればそれでいいんです。

明日、ナンプレをやろうとか。来週、台風が来るとか。内容はなんでもいいんです。用事や気にすることが会話の中にあることがスイッチになるんです。どんな小さなことでも構わないので、具体的な目印になるような会話をしてみてください。

「明日また来ますね。ゆっくり休んでくださいね」

「いつかご家族の方、紹介してくださいね」

「今度ぜひいっしょにコーヒー飲みましょう」

「今年の秋刀魚は脂がのっていて美味しいらしいですよ」

「明日の昼食は腕をふるいますからお楽しみにね」

未来を描く具体的な言葉をいくつもいくつも伝えてあげてください。どんなことでも大切な目標になります。そして、その未来を共有してください。未来を共有する人がいないことが老いの苦しみのひとつですからね。

逆に、漠然とした励ましは未来にはなりにくいようです。「元気に、前向きに、希望を持って！」と言われても、一体何を目標にして、何をどう前向きにいればいいのか見当もつきません。それがうまくイメージできないことに失望してしまうこともあります。やっぱり大事なことは小さなことでもいいから具体的であることなんですよね。

4　世界を広げる。

月に二回、枕元を訪ねておしゃべりして過ごしていたお年寄りがいます。目が見えない方で、胃瘻で、寝たきりで、身寄りもありませんでした。結局、ある年のクリスマス・イブに亡くなってしまいましたが、それまで2年くらいずっといろんなおしゃべりをしました。傾聴ではありません。私の場合、おしゃべりです。こちらの話を聞いてもらったり、あちらの昔話を聞かせてもらったり。または、一緒に俳句を作って遊んだり、好きな音楽を聴いたりしました。そのおしゃべりの中で印象的なのはｉＰｈｏｎｅの存在でした。

「○○さん、美空ひばり好きでしたっけ？」

「……ああ、ひばり？」

戦争の前から視力を失ってしまっていたので、そもそもの記憶の引き出しが少ないんです。だから知っていることや、好きな何かを見つけると、こちらはテンションがあがります。

「おっ！　よし、じゃあ、アップルコンピュータのｉＰｈｏｎｅで聴いてみましょうか。すごいですよ、最近の携帯電話は。こうやってしゃべって指示を出すだけで何でも出てくるんですよ。『……美空ひばりの悲しい酒の動画を見せてください』。……ほら、ずらっと一覧が出てきましたよ！」

画面に表示された動画のリストの中から、ちょうど良さそうなものを選んで再生します。美空ひばりが流れるｉＰｈｏｎｅをそのお年寄りの手の中に収めると、手で画

面を撫でたりしながら見えない目でじっとｉＰｈｏｎｅを見るんです。そして、
「……これ、いくらするの？」
って聞くんですね。買えるといいですねって言いながら夢物語を楽しむんです。
車椅子で暮らしているお年寄りには、水泳の話をします。
本好きなお年寄りには、私がこれまでにまとめた原稿の話をします。
ひとつの施設で何年も暮らしているお年寄りには、別の施設のお年寄りの話もします。
酒好きの男性には、「今度いっぱいやりましょう」って話をします。
もう食事がのどを通らなくなった方にも、「何が食べたい？」って話をします。

そんな話をしてもお年寄りに気の毒じゃないかって思われるかもしれません。でも、すべてを閉ざされることをお年寄りは望んでいません。それどころか、知ることや、話すことで思い浮かべることは、お年寄りにとって大切な楽しみであり、大切な

つながり方でもあるんです。

お年寄りの暮らしの中にはもう手が届かないものがたくさんあります。しかしお年寄りは、それを欲しいとか、なんとしてももう一度手に入れたいとか、あまり思わないようです。それは、「明日、月に行きたい」とは誰も望まないのと同じで、決定的に無理なことは望みもしないし、叶わないからといって深い悲しみにもならないんですよね。それどころか、心の中でそれを得るだけで十分心は弾むんです。心の中には世の中のすべてがあるんです。心は無限なんです。だから、もっと話の続きを知りたくなる。

「じゃあ、今度、この話の続きをたっぷりしましょう」

そうすると、お年寄りの頭の中には新鮮な期待感が生まれます。

そんな世界を広げても行き先はないかもしれません。でも、心の中で世界はきちんと広がります。最新のテクノロジーを見せたってピンとこないかもしれません。でも、世の中の新しいものに触れれば誰だって誇らしい気持ちになるものです。何かを伝えても認知症状があって忘れてしまうかもしれません。でも、今そのことを思い浮かべることはできるんです。その可能性を奪うから、心は閉じてしまい、行き場をなくしてしまうんですね。

5　家族の話をする。

さて、季節、過去未来、世界の広がりと項目が続きました。

次は話す人、本人についてです。

私はよく、

「ご家族のみなさんによろしくお伝えください」

とあいさつします。人間って不思議なもので自分の家族の話題が出るとほんのちょっぴり背筋が伸びるんですよね。

おや？　うちの娘のことを知っているらしい……。

ご家族だって？　これはおかしな振る舞いはできないぞ……。

とかね。

……いや、そんな脅しのような（笑）つもりで言っているわけじゃないんですよ。ただ単に、家族がからむと誰だって気持ちがシャンとするんで、社会人としての感覚を奮い立たせる「気付薬」のような意味合いで言っているんですね。

こちらだってそれなりに覚悟を決めます。相手のご家族の話題を出すんですから、こちらも少しシャンとしなくてはいけません。

私のことをご家族に伝えてくださって構いませんよ……。

あなたのご家族にだって自信を持ってごあいさつできますよ……。

そんな一歩踏み込んだニュアンスが伝わると、こちらの覚悟や誠心誠意もお年寄りは感じ取ってもらえて、お年寄りの安心感にもつながっていきます。

同じような理由で、私は自分の家族の話もよくします。

「うちのかみさん、年上なんです。顔は李紅蘭そっくり……（笑）」

「両親は九州の実家で元気に暮らしてます。兄が会社を継いで、がんばってやっているようです……」

「双子の姉がおりましてニュージーランドという国の人と結婚して、ニュージーランドで暮らしています。もう20年くらいになるんじゃないかな」

パーソナルデータを相手に伝えるということは親近感の表れです。親近感を積極的に示してくれる人にお年寄りは安心感を覚えるのは当然の話ですよね。逆に、

「いや、私の家族についてはちょっと……」

なんて話したがらない人には距離感を感じさせてしまいます。

傾聴って言葉があります。**高齢者ケアをする側は、傾聴をして相手のことを聞こうとしたり、相手にしゃべらせようとしたりすることが多いんですが、お年寄りはあなたについても知りたいと思っています。**考えてみれば、そりゃそうですよね。自分の

健康や身の回りの暮らしを助けてくれる人がどこのどんな人だか分からないなんて気持ちが悪いものです。

だからこそ、問わず語りに自分のいちばん大事な家族について話してみてください。

高齢者ケアって、自分の身の上話をほどよくすることが仕事の一部になるという、ちょっと変わった仕事なんですよね。お年寄りはあなたの人となりをそれとなく知って安心するでしょうし、あなたの暮らしぶりを垣間見て心温かくなるでしょう。そして、そんな誰かの生き生きとした姿を感じることが、お年寄りには心のスイッチになるものだと私は思います。

6　低い声でゆっくりはっきり朗らかに話す。

さて、会話の内容について話を進めてきましたが、ここでは会話のしかたそのものについて少しだけお話ししたいと思います。

会話の基本は、低い声でゆっくりはっきり朗らかにです。

自分の声の「輪郭」が一語ずつハッキリしているか意識しながら話してください。

意識しないと、つい早口になるし、指示するような高くてとがった声になってしまいます。高齢者ケアっていつも忙しいですからね。

お年寄りはいつも耳当てをしています。

もちろんその耳当ては目には見えません。でも、見えない障害物がそこにあるんだということをしっかりと意識します。その目に見えない部分をしっかり計算に入れながら、言葉をゆっくりと、低く発声して、言葉が「うまく伝わる」よう工夫します。

しかし、お年寄りと会話するときに大事なことは「うまく伝わる」ことだけではありません。**「うまく聞こえないことを悲しむ気持ち」について意識を向けることもと**

ても大事なことだと思っています。

私が教室をはじめた当初はそのことがわからずに何回も失敗をしました。うまく伝えきれていなくて、なにをやっているのか理解してもらえないことが多かったんです。

そこで、ひとりひとりの表情を確かめながら、心にしっかりと言葉を置いていくようにようにしました。私が誰で、何のためにここに来たのか、どこから来たのか、そんなことを毎回最初にゆっくりと話します。まずはそうやって見えない糸で心をつなぐんですね。見えない糸をこちらから結ぼうとしない限り、お年寄りは「この人と話すのは無理だ」とさじを投げてしまいますから。

でもそれはお年寄り側の問題ではないんです。

その問題点を考慮しなかったこちらの問題なんですよね。

だから会話のしかたって、そのままスイッチですよ。

あなたがそのお年寄りをどう考えているか、どこまで考えているかが会話のしかたから伝わります。

まずは想像してみることが会話のスタートです。お年寄りは、相手が言っていることがわからないと情けない気持ちになり、早口で話されると焦ってしまい、表情にほがらかさもないと気持ちが緊張してしまいます。「え？　なんですか？」と聞き返さなくてはいけないことにも申し訳なさを感じてしまいます。会話ひとつうまくできなくなった自分が悲しくなり、気が沈み、理解してもらえないことに傷つきます。

あとはこちらの工夫次第、アイデア次第で、会話は生きる力を湧かせる心のスイッチになるんだと思います。

7　どんなときでも口元には笑みを浮かべる。

ある老人ホームで車椅子でお暮らしの方とおしゃべりしていたときのこと。

すでに１００歳を超えた奥さまですが、とてもかくしゃくとして、ユーモアもたっぷりあって、スーパーマンのような（大好きな！）奥さまです。その方と私が、知っていることわざを出しあいっこして遊んでいたんです。

するとその方が、

「目は口ほどにものを言う。口は目ほどにものを言う」

そんなことをおっしゃったんです。

私は、心の中で、（……ん？）と思ったまま聞き流してしまいました。だって、口がものを言うのはあたり前ですもんね。でも、なんだかおかしいんですよね。１００歳超えていても、そんなミスをする方ではないんですよ。だから、後で改めて考えたら、ようやく私の間違いに気がつきました。その方は、「目の表情」だけじゃなくて「口元の表情」からも相手の心が透かし見えるということをおっしゃっていたんです。

口の表情づくりは大事。
心が透けて見えるから気をつけたほうがいい。

１００歳の方が言うんだから間違いありません。

よくよく考えたら、顔の中でもっともよく動く部分は口ですよね。だから、この口の表情づくりは重要なんです。

・目が合ったら笑い返してうなずく。
・どんなに急いでいても穏やかな眼差しをつくる。
・口元にはいつも笑みを浮かべておく。
・驚くようなことがあったら口をとがらせておどける。
・うまく事が進んだら口をまっすぐに結んで力強くうなずく。

こんなふうに目元や口の表情だけでもいろいろな会話をすることができます。会話は言葉でするとは限りません。表情でだって会話はできるものです。

お年寄りの中には、コミュニケーションがとりにくい方もいらっしゃいます。でも、相手の顔を見て、目元や口元が動けばそれは会話です。いい表情を投げ掛けれ

ば、それはいつでも励ましの言葉になります。

口は目ほどにものを言います。だから、口元にぜひ心をこめてみてください。表情もまたものを言います。表情にぜひメッセージをこめてください。

声色、足音、体の向き、視線、存在感……。じつは、人間のすべてが言葉なのかもしれません。目や耳の力が劣ってきたお年寄りは、世の中の森羅万象から言葉を聞き取る感性を磨いているかもしれません。

それにしても、100歳とはそんなところにも目をつけているのかと驚かされるものです。自分が100歳になって自分より半分以上も歳下の人に、そんなシャレたこと言えるかなあ。

8　会話の質を高める。

ある日の教室の帰りがけのことです。

80歳を過ぎた奥さまのところに立ち寄っておしゃべりしていると、話題がやさしい息子さんのことになりました。ほぼ毎日、夕食後に電話があるそうです。もちろんいつも楽しみにしているとのこと。すると、話の流れから、その会話の内容を聞かせていただけるということになりました。「携帯電話に録音してあるのよ」と言いながら、その方が上手に携帯電話を操作すると、スピーカーからはこんな会話が聞こえてきました。


「母さん、今日はなにしたの？」

「今日はねえ、おやつがこうでね、夕飯がこうだったのよ」

「あー、そう……」

「それからリハビリの先生が来て、こう言われたのよ」

「あー、そう……」

「私の関節はこうなんだって」

「あー、そう……」

毎晩電話してくれるというからにはきっとやさしい息子さんなんだろうと想像していました。しかし、どんな言葉にも「あー、そう……」の連発。私は少し気の毒になってリアクションに困ってしまいました。

いいえ、それでもご本人にしてみればありがたいとおっしゃるし、やさしい息子で感謝もしているとおっしゃっています。眠れない夜には息子の声を何度も聞いているのだとか。そんなことを満足げというよりも何かにすがるような表情でおっしゃるんですね。聞けば聞くほど私は胸が締めつけられるような気持ちになりました。

会話することは大事です。
会話って生きる力につながります。

しかし、言葉だけを自動的に返しているような会話は相手の心を傷つけるだけですよね。相手の心にしっかりと目を向けて、「自分は会話するのに値する人間だ」ときちんと感じてもらわないと生きる力を奪うだけになってしまいます。

大切なのは会話する態度の質を高めることです。

相手の心にしっかりと意識を払う。立ち話なんかしないで、相手の言葉にきちんと言葉を返す。じっくりと耳を傾けるために時間だってしっかり確保しておく。そんなことが大事なことだと思います。


会話って重いものですよ。

世界が限られたお年寄りにとってはなおさらです。


目の前のお年寄りにとって、誰かと会話するのは「わずか残された世界とのつながり」なのかもしれません。それはきっと、日々のコミュニケーションが限られている人にとっては命の強さにもつながるくらい重大なことです。なにげない会話のひとつひとつがお年寄りの命の力を増やしますし、削りもするものだと私は思っています。

9 いい話をする。

私はかならずひとつ「いい話」をします。

俳句の会でも、歌の会でも、ちょっと世間話していいですか……って感じで脱線させてもらって、「いい話」を話すんです。

例えば、車にひかれた猫を動物病院に連れて行った話とか。

そこには内容や結果よりも、話の臨場感とか、季節感とか、人間らしい心の動きなんかをしっかりと含ませます。

「……ちょっと世間話していいですか。こないだねえ、……いや、こないだといっても暮れも押し迫った年末の30日のことですよ。ひかれた猫がいましてねえ……。年末にね、ようやく休みが半日取れたんです。その家への帰り道なんで、時間で言うなら昼過ぎですよ。いや、もう2時半くらいだったかな……。駅の裏道が狭いんですけどバスが通るんですね。ようやくすれ違えるくらい。そこをバイクで通っていたら、なにかゴミみたいのが前の方に落ちてる。道も狭いから避けようと思いながら減速するとゴミなんかじゃない。猫ですよ。しかも、……ニャー、……ニャーって鳴いてるんです。そこで下半身をひかれたのかなあ、起き上がれないんですね。まあ、年の瀬の寒～い午後ですよ。道も狭いから日も当たらないわけです。そんなところじゃコンクリートも冷たい。その場に動けないでいれば、そりゃもちろん、ひかれて死ぬか、弱って死ぬか、どちらかですよね……。参りましたよ、私は。そもそも基本的に動物って好きじゃないですからね。でも、年末ですよ。このままほっとくと寝覚めが悪いでしょ。まあ、今年もいろいろなことがあって、さあ来年も頑張るぞっ心境ですからね。しかも、カミさんにだって今日は3時には帰るよって言ってるんです。イトーヨーカドーにお正月の買い出しに行く準備して、家で毛糸の帽子かぶって待ってるんですよ。しかも、そんなときに限って携帯の電池が残り少なくっていて……」

なかなか本題に入らないのって勇気がいるんです（笑）。

でも、ひとつひとつ状況を積み重ねていく。

目の前のみなさんの顔色を見ながら、「あら～っ」とか「きゃっ！」とか反応を聞きながら、またそれにいちいち反応しながら話を進めるんです。……と、今回は紙面の都合でここまでしかお伝えできませんが（続きはいつか私の会で。笑）、最後はもちろん猫を救うことができて、途中から加わった通りすがりの予備校生とか動物病院の看護婦さんと握手して終わるんです。そして、「ねえ、世の中も捨てたもんじゃないねえ。日本に生まれてよかったねえ〜」なんて大団円で締めると、「わー、よかったわあ！」って安堵の声が漏れて拍手が起きたりするんです。

他にも、徘徊しているお年寄りを無事にご自宅にお連れした話とか、四十肩になってしまったけど水泳で治すことができましたとか、自分の母親がいかにして銀座の小さな画廊で個展を開いたかとか、そんな身の回りに起きた小さな「いい話」を話すんです。

歌を歌う時も、サトウハチローならその人物像が感じられるようなエピソードを挟んだり、藤山一郎なら藤山一郎の人間らしいエピソードを挟みます。そうすると、歌を歌うまでに10分かかりますが、歌に対する感情移入がぐーんと深まるんですよね。

結局、なにが目的かというと「心」なんです。

本題はレクでもないし歌でもない。教室も、俳句の会も、歌の会も、病室のお見舞いも、結局それは「器」に過ぎないんです。「器」から考えて、中に入れるものを決めても意味がないんですよね。レクだから楽しくとか、俳句だから俳句を作るとか、傾聴だからただ聞くとかではなくて、目的はお年寄りの「心」なんです。そこから逆算して、「器」に入れるものを考えないと何かをする意味がないんじゃないかなって思います。

10　心に向かって話す。

お年寄りと会話するときはいろいろなスイッチがあります。
この章ではそのいくつかを紹介してきました。

でも、それってすべてお年寄りの「心」が必要としていることの逆算をすることなんですよね。だから、お年寄りが心の中で必要としていることとか、不便だと感じていることを先に知っておかないといけないんです。

そんなことを踏まえてこの章をまとめると、「心に向かって話す」ということが会話するときのいちばんの基本なんだと思います。

「(やわらかい表情で近づきながら)○○さあん、こんにちは。顔色がいいですねえ。お風呂はいりました? へえ、そうですかあ。(何かを思い出したように少し表情をまじめにして) ええと、○○さん、ちょっとお話しなんですが……」

こんな何気ない会話で空気をゆっくりと作る。すると、そんな話しかけが心へのノックになります。

(……あら、なにか言いたそうだけど、なにかしら? さあ、聞かれたら答えよう)

お年寄りは、そんな心にゆっくりとなってくれます。その時、相手の表情をしっかり確かめてください。会話への意識が払われているのか、興味がわいているのかを確かめてください。なにしろ心が表れるのは表情ですからね。

もちろんそれは、お互いのことですよ。間違っても、「ほらちょっと、大事な話するんだからちゃんと聞いて！」なんて表情にならないように（笑）。

繰り返して言いますが、それは持てない荷物を持たせていることですからね。お年寄りにとって、気持ちを起こして、こちらに向けて、よし話そうと思うことは、ポンとできることじゃないんです。そして、あなただってその歳になればそうなってしまうかもしれないことなんです。そう考えて、心の扉を親切にノックしてください。

「これから話しますから準備してください。いやいや、急がなくて大丈夫ですよ」

そんなノックを心がけてください。


そして、名前を呼んで、自分の名前を告げて、なるべくよく聞こえる耳のそばに近づいて穏やかに話します。相手の名前はご本人にとって聞き取りやすい言葉のひとつですから、自分に何か用なんだなと自信を持って会話を受けてもらえますし、状況の理解をスムーズにします。

そして、短い言葉で簡潔に伝えること。聞き慣れた言葉で伝えて、混乱させないこと。特別な事情がない限り、こちらの要件はひと言で結論を伝え、基本的には話の聞き役に回っていること。相手の言葉があればいつでも自分の話は中断します。

うまく内容を説明するというよりも、心に向かって伝えるという感覚が大事です。そうするためには、とにかくしっかり時間をかけようと意識することです。おたがいの表情にも十分に注意を払うことです。

こちらの「ふつう」のペースで話すとお年寄りの心は離れてしまいます。お年寄りの身体や生活に起こっていることをできる限り想像して、お年寄りの「ふつう」の心に向かって話しかけてください。

心に話しかけると、そこには温かさが生まれます。

その温度こそがお年寄りには心のスイッチになるのです。

第3章

お年寄りの「暮らしや環境」の中に置いておきたい心のスイッチ

1　手が届くようにする。

第1章と第2章では、お年寄りとのコミュニケーションについてお伝えしました。接し方と話し方を工夫すれば、お年寄りの心を励まして、心のスイッチを押すことができます。逆に、元気も笑顔も少ないお年寄りのまわりには、「生きる力」を失わせるような接し方や話し方があることが多いようです。

「人は薬」という言葉がありますが、それは高齢者ケアにもあてはまることです。言うなれば「介護は人なり」なんですね。心が温かい人の存在って、それだけでお年寄りの笑顔につながるものです。

そして、もうひとつ。「介護は環境なり」です。

お年寄りに合った「環境」も、お年寄りを笑顔にすることができます。

ある施設は広々とした環境が売りでした。

個室は広々として、食堂もゆったりとしています。

しかし、そこで暮らしているお年寄りは個室に自分の好きな家具を持ち込んだり、広い食堂の陽だまりでたたずんだりはしていませんでした。個室の広さや空間の広がりは、おもにケアする人の作業スペースになっていましたし、広い食堂は縦に長いうえに上階のベランダ（ひさしとなる部分）が広いため、部屋の奥まで光は差し込みませんでした。

お年寄り以外の人の「ふつう」の感覚で施設を作ると、こんなずれが生じます。

他にも、シックな高級家具（車椅子が奥まで入らない）を並べたり、北欧製の介護ベッド（操作ボタンがスウェーデン語表記？）を用意したり、絶対に燃えないカーテン（無地の化学繊維で陰気な雰囲気）を完備したり、洗面台を高い位置（お年寄りがどうやっても顔を洗えない）にしつらえたり。

お年寄りは手を伸ばすのが大変なんです。
お年寄りは体を移動させることが大変なんです。
お年寄りは遠くのものや高い位置のものを探すことが大変なんです。

そんなひとつひとつが大変になってしまうと、生きていこうという意欲は奪われてしまいます。だからこそ、ものは手が届きやすいようにすること。こんな簡単なことでお年寄りの毎日はがらっと変わります。

いつも手を伸ばすものやすぐに使いそうなものは、片付けないでテーブルの上にポンと置いておいてください。新聞、本、写真アルバム、目薬やつまようじなど、身の回りの生活用品は片付け過ぎないことが大事です。しかしそうすると、「散らかっていてだらしない」という雰囲気になってしまうかもしれません。でも、「手が届かない」というのは「心も届かない」ということです。それってないも同然ということなんですよね。手が届くところにあることは想像以上に大きな助けとなります。ちょっとつまむお菓子も取り出しやすい缶に詰め直すとか、ペットボトルのフタもゆるめておくとか、ほんの少し想像力を働かせてお年寄りの手に届きやすい環境を作ってあげてください。

やりやすいことはお年寄りにとって心のスイッチになります。

心に火をつけて、体を動かし、頭を回転させるきっかけとなります。お年寄りの暮らしのまわりには、そんな心のスイッチになるものを散らばせておいてください。

2　過去や未来を見えるようにする。

人間は誰だって心の「ドキドキワクワク」があって行動を開始します。

しかし、お年寄りになると、「……ドキ……ドキ……ワク……ワク」というリズムになります。ひとつひとつのドキドキワクワクに一拍ずつ休憩をはさむ感じです。それも当然のことです。頭の働きや体の動きが若い頃のようなペースではないのですから。

しかしお年寄りは、ゆっくりとしたペースながら、きちんと感動を受け取っています。そのペースを上手にフォローしてください。**そのためには、感動を目に触れやすく、耳に届きやすくしてみてください。具体的には、感動につながる記憶や情報を**

「モノ」化してみるといいと思います。

たとえばある施設では、一年後に100歳を迎えるお年寄りがいました。そこでケアスタッフさんは0から9の札を何枚かずつ作って、100歳の誕生日までのカウントダウンを始めました。カレンダーの横に設置されて、施設のみなさんはそこを通るたびに目をやってその話題で盛り上がりました。そうすることで、それぞれのお年寄りのペースで期待感を楽しんでもらうことができました。

100歳の誕生日会を盛大にするだけではなくて、その準備段階をゆっくりと楽しんでもらう。そんなスローな楽しみってとってもお年寄り向きなんですよね。

イベントは本番が半分。告知が半分です。

お年寄りがゆっくりと興味を抱くようなポスターを作ったり、手元でじっくりと読めるようなチラシを配ったり、名前入りの招待状を渡したりしてみてください。そうすることで、お年寄りのペースで徐々に気持ちを盛り上げてもらうことができますし、感動を受け止めやすくなります。イベントはイベントを楽しむためだけのもののではなくて、イベントを待ち遠しく思ったり、その日に向けて準備したり、もしくは、終わったイベントを楽しい記憶として思い出すことがイベントの意味なんですよね。

私の教室は1時間ほどですが、勝負はやっぱりその前後なんです。

たとえば、教室のポスターやチラシを作ったりして、手元に情報が残るようにします。それだけではなくて、ひとりずつ居室をノックして歩いて教室に誘ったり、教室の後にお礼の挨拶をしたりもします。**結局、教室もイベントもきっかけに過ぎないんですよね。内容をやって終わりではなくて、きちんと心のスイッチを押して帰らないと意味がないと思っています。**

ふだんの暮らしの中でも、もちろん同じことが言えます。

過去や未来を「視覚」化して暮らしの中で見えるようにしてください。感動や期待を「モノ」化して手に届くようにしてください。誰かを思い出すことができる記念品や、家族旅行のときのおみやげ、最近みんなで食事したときの写真を飾ってみることで、感動が身近になります。その写真に直接「人名」や「場所」などを書き込むのもお年寄りの感動を手助けするいいアイデアだと思います。

部屋には書き込み式のカレンダー貼って、用事で埋めてあげてください。

施設内でのイベント、ご家族との用事、好きな歌謡番組や刑事ドラマがある日だってカレンダーに書き込みます。また、ご家族の誕生日や、結婚式などの大きなイベントも参加不参加にかかわらずカレンダーに書き込んであげてください。そこにはご家族の写真を貼り付けて記憶の想起をフォローしたり、連絡先をメモしたりして電話することを促したりすると、それは24時間365日有効の「心のスイッチ・カレンダー」になるに違いありません。

3　予定や習慣をつくる。

さて、身のまわりの環境が少しずつ整ってきました。

ポイントは、心が動きやすいようにひと工夫を加えるということです。「目につきやすくて、手が届きやすい」環境にすれば、心のスイッチを自動的にオンにしやすくなります。

しかもそれって、会話をするときの助けにもなりますよね。

「これが楽しかったですか？　じゃあまたやりましょう！」

「よし、じゃあ日付を決めましょう！」

「よし、じゃあ毎回やりましょうか？」

そんな会話を進めながら、次の「予定」をつくることもできます。

予定という未来があると、それは大きな心のスイッチになります。「何月何日何時から誰と何をする」という具体的な予定でお年寄りの心を動かしてあげてください。

ちなみに私が予定の話をするときは、「予定があるからしっかりね！」とは言わずに、「無理そうならいつでも休んでくださいね」と伝えます。あくまでも心のスイッチは予定への期待感が押すものであって、人からの指示が押すものではありませんからね。

そして、「予定」よりもさらに強力な心のスイッチがあります。

それは「習慣」です。

私は毎月１００人以上のお年寄りとおしゃべりしています。その中で、いつまでも頭がしっかりしている人の共通点は何かなって考えることがあります。**すると私がいつも思いつくことは、そういったお年寄りは「予定」だけではなく、毎日の「習慣」も持っているということです。**

ある方は、毎朝決まった時間に起きてラジオをつけます。天気予報で今朝の日の出の時間をチェックして、それを紙にメモします。その時間までに朝の支度を済ませて、日の出を眺めます。亡くなった息子さんのために般若心経を唱えます。

別のある方は、毎朝4時50分にコールを押します。なぜなら5時からは定時の排泄介助と起床介助でケアスタッフが忙しくなることを知っているからです。そして、右足に3枚、左足に3枚の湿布を貼ります。両足のむくみ解消のために弾性包帯を巻きますが日曜日は休むと決めています。

別のある方は、毎朝朝食の後、9時までにトイレを済ませます。その後、10時まで横になります。横になりながら、両手でジャンケンをする手の体操と、両手の親指と小指を交互に出す体操（でんでん虫の歌を歌いながらする指の体操）と、１００から７をどんどん引いていく頭の体操をずっと繰り返します。

このように、私が知っているしっかりしたお年寄りは、毎日決まった時間に何かをするという習慣を持っています。やっている内容を聞くと、こういう理由でこれをやっていると、それぞれきちんと理由まで説明してくれます。それが理屈に合っているのかどうかはともかくとして、自分自身で考えた確固たる何かがあって、その習慣を続けているのです。私の経験則に過ぎないと言ったらそれまでですが、自分の考えた習慣を継続する人はいつまでも暮らしが衰えないようです。そうすることで、「心のブレーカー」がいつも上がった状態にしているように工夫しているようにも思えます。

だから、お年寄りの暮らしの中に習慣があればそれは可能な限り尊重してあげてください。そして、できる限り長く続けられるよう環境を整えてあげてください。それはきっとお年寄りにとって大きな力になることと思います。

4 健康についての話をする。

ある時、ふと思いついて、会の最後にこんなことを言いました。

「さて、みなさん。だんだん気候も寒い冬の季節になってまいりました。○○さん、風邪なんかひいてませんね？　いいですか、自分の健康は自分で守る！　もちろんまわりに手伝ってくれる人もいますが、自分で気をつけない限り自分の健康は守れませんからね～！！」

ちょっと突き放すような言葉に聞こえるかなって一瞬思ったんです。でも、逆でした。みなさん、気持ちを引き締めたようないい表情をなさったんです。それ以来、かなりの確率でこのフレーズを会の最後に言うようになりました。

『自分の健康は自分で守る！』

標語みたいな感じで、私は何度も言います。どこに行っても言います。人の助けがない限り生活ができない状況の方にだって同じように言います。おつきあいがまだ浅い場合はさすがに言いにくいですが、そうでなければ誤解されることはほとんどありません。かならず場の空気が少しぴりっとして、近い未来への意識とか集中力がぐっと高まる気配があります。


そういう言葉が暮らしの中にあることって大事なんだと思います。

自分でわかっているつもりの当たり前のことだけど、それを誰か自分以外の人の口から言ってもらうことで、言葉がただの言葉ではなくなる。やっぱりこれも心のスイッチなんですよね。人の口から直接伝えられた言葉って「言霊」があるんでしょうね。やっぱりちゃんと響くんです。

「ハイ、手には風邪菌がいっぱいです。食事の前には手を洗いましょう～！」

「30回噛むと消化も助けて脳の刺激にもなりま～す！」

「短気は損気。ならぬ堪忍するが堪忍ですよね～！」

そうしなさいと指示しているんじゃないんです。その場全体に向かって、なんとなーく言葉を置いているような感じです。それを聞いてお年寄りは、（……ああ、富永さんがまた同じこと言ってるわ。笑）くらいにしか思っていないかもしれません。でも、標語とかスローガンのような言葉が暮らしの中にあると、それは生活の足場になっていくものです。言ったそのときは影響しなくても、じわーっと暮らしの中に浸透していきます。

高齢者ケアって、健康に対するメッセージを常に発信し続けないといけないんです。

「熱中症のニュース、やってましたね！」
「先週、インフルエンザの予防注射を受けてきました」
「季節の変わり目ですね。野菜を少しでもとって風邪の予防に気をつけて下さい！」

これは指示でも管理でもなくて、メッセージなんです。

「転んじゃった人がいて、昨日お見舞いに行ってきました」

こんな話題も、遠回しながらメッセージを伝えようとして話しています。

骨折させたくなければ「転ばないでください」といえば早いようですが、それで転ばなければこんな簡単な話はないんです。**やっぱり自分の体に関することは、「まずは自分で守ろう」ってしっかり思うことです。そのためには、ああしろこうしろという指示ではなくて、心にじわーっと時間をかけて染み入るような「標語やスローガン」や、自戒を促すような「健康トーク」を日頃から積み重ねることが必要ですよね。**

健康に関する心のスイッチは自分で押さない限りオンにはなりません。そして、健康に関するメッセージを送ることが、お年寄りの「生きる力」を湧かせるスイッチになるものだと私は思っています。

5　死についての話をする。

多くのお年寄りは、「私はピンピンコロリがいいわ」そんなこと言っていますが、なかなかそうはいかないことも知っています。そしてそれ以上の想像もできないし、誰かと死についての情報交換することっていうのはなかなかありません。

しかし、多くのお年寄りは、死ぬことについて知りたいと思っています。なぜなら死を迎えることは、これからの人生で最大のイベントですからね。誰かと話したいと思っています。そして、

だから私は、たまに死についての話をします。

「私はこれまで500人くらいのお年寄りと会ってお話ししてきました。亡くなる間際までずっと声をかけ続けた人もいます」

だから私は、ある意味、みなさんよりもお年寄りのことを知っているんです。死も経験してきました。だから安心してくださいね。いつでも何でも聞いてくださいね。なるべく自然に聞こえるように気をつけながら、そんな気持ちを込めて話しかけます。

「……死ぬ瞬間ですか？　僕が見たところ、お年寄りが亡くなる瞬間って痛くも怖くもないみたいですね。ぼわーっとした感じが、人によっては何日間か続いて、そして亡くなりますね。人間最後は、心ここに在らずって感じで、意識と無意識の間みたいなところをうろうろするみたいなんですよね。本人にしたら、知らないうちにって感じだと思いますね～……」

聞かれたらこんな感じで、できるだけ何気ない雰囲気で答えています。ポイントは、怖がることはないと思うよ、と伝えることです。そして、安心できるイメージをできるだけ具体的に持ってもらえることが大事なんだと思っています。

「この間、ふっと時間ができて、ある施設に遊びに行ったんです。そしたら、3年ほどおつきあいのあった方がその二日前に急に亡くなっていたんです。まあ、病気でも苦労されていたので、ああ、よかったなあって思ったんですが、ふと振り返ると、僕が行くとほんの数日前に亡くなっていたってことがたくさんあるんです。虫の知らせっていうのかなあ。そんなことがよくあるんですよね。まあどうやら、あの世とこの世はどこかでつながっているらしいですし、そもそもあの世ってどうやらあるらしいですね。何十年か経ったら、僕も含めたこのメンバーで天国でも俳句の会をやってるかもしれませんね（笑）。その時、みんな足も腰もピンピンしてるはずですから天国で鬼ごっこでもしましょう」

高齢者ケアの仕事をしているみなさんは「老い」についていろいろと知っています。「死」についてもいろいろな経験があって、人よりも考えたりすることが多いに違いありません。その経験や考えは、お年寄りと共有してもいいものだと思うんです。それはきっとお年寄りのひとつの道標になると思うんですよね。

私の場合、不謹慎と感じられるかもしれませんが、人生をたっぷり生きたお年寄りの死はおめでたいことだと思っています。赤ちゃんが生まれるのと同じくらい。いやいや、赤ちゃんが生まれたら幸福も不幸も同時に始まりますが、お年寄りが亡くなると本当にすべてハッピーエンドです。死ほどの賜物はないと思っています。

私が経験してきた「死」って、体操の鉄棒のようなものだったと思うんです。オリンピックの種目にある、あの体操の鉄棒です。途中の山場をいくつも越えて、最後の最後に勢いをぐいっと増して体を飛び上がらせて着地する。その着地をいかに決めるか。死ぬことってそんな大仕事です。高齢者ケアって、最後の大回転から着地までを見届けることじゃないかなと私は思っています。

そして、着地をするのはお年寄り本人なんです。

死ぬということはただ向こうからやってくるのではなく、お年寄り本人が一生懸命がんばらないと迎えることができません。その命の姿をサポートしながら励ましたり、そばにいて応援することが高齢者ケアの役割なんじゃないかなって私は思っています。

6　認知症状についての話をする。

「私って認知症？」

高齢者ケアをやっていると何度かそんな質問を受けます。

そこであたふたしたり、言葉を探しているようじゃ助けにはなれない。そこは自信満々に、理路整然と、明朗闊達に説明します。

「今日の朝ごはんはなんだったか思い出せないなんてことは誰にでもありますよね。でも、朝ごはんを食べたのに食べていないと感じるのが認知症です。他にも、何かのやり方がまるでわからないとか、帰る道順が見当もつかないとか。経験してきたことなのに記憶を引き出せない。これが認知症ですね」

思い出すことができなくなるのが認知症です。

だから、不安で、もやもやして、頭の中が灰をかぶったようになる。この不安感こそが認知症の主体になることも多いわけです。

「でも僕に言わせれば、認知症って40歳を過ぎたら誰だってはじまるんです。タンスが古くなるのと同じで、だんだん引き出しが開きにくくなるでしょ。タンスもガタが来るし、引っ張る本人の力だって弱るし、中身への興味も必要性もだんだんなくなる。だから開けなくなって、さらに中身が何だったか思い出しにくくなる。だから、どうすればいいかって言うと、簡単ですよね。なるべくたまに引き出しを開けてみたりすればいいんです。もしくは、引き出しが滑りやすくなるようにロウを塗ったり、最初っから外に出して手が届きやすい状態にしたり、もしくは、引き出しの中身がしょっちゅう必要になるような用事そのものをつくればいいんですよね。……まあ、それをやったところでガタはくるんですけどね（笑）」

医学的なことではなくて、自分なりの説明でいいんだと思います。

相手の心が（……ああそうか、なるほどな）とイメージできて、不安がなくなることが第一ですからね。

なにしろ認知症には「不安」や「違和感」が大敵です。「誰にでもあることだから気にすることはないですよ。大丈夫。自然のままでいきましょうよ」とにこやかに堂々と話す態度を見せることが大事だと思います。

そして、あなたが高齢者ケアスタッフならば、私は専門家だから大丈夫ということを伝えてください。

何人も認知症状の人を見てきているから大丈夫。

私がずっとあなたのそばにいるから大丈夫。

そう伝えておいて、「認知症になったとしても、私には見てくれる人がいそうだから、まあとにかく何とかなりそうだな」と、そんな安心感を持ってもらうことです。

どうなるか分からないね、怖いね、で終わっちゃうのがいちばん良くないパターンだと思います。

頭がだんだんボケてきたわと自分やまわりの家族が素直に受け入れることとは、本人の不安を打ち消しますから認知症の治療になります。逆に、

「お母さん！　ねえ、しっかりしてよ！」

って追い込むようにして言っても、心の不安はさらなる動揺しか生まず、それは認知症をさらに悪くする原因になってしまいます。そうしてしまうくらいなら、「お母さんは今と昔はすっかり変わったけど、別にどっちでも気にしないわ〜」という態度で接することが認知症状がある人にとっては心の安定をつくりやすいでしょう。

いつでも「平気」で「陽気」で「元気」でいること。

接するまわりの人がまずそうなることが、お年寄りの気持ちや認知症状を穏やかにするいちばんのスイッチになるに違いありません。

7　頼れる人になる。

お年寄りにとって自分まわりにどんな人がいるかということは、暮らしを支える重要な環境の一部分になっていきます。


では、どんな「まわりの人」になるべきか。

ひとことで言うと、『人気者になりなさい』ということかもしれません。

でもそんなふうに言うと、「そんな軽い考えで高齢者の健康や身体や時間を守ることができるのか！」と怒られてしまうかもしれません。

では、こうだとどうですか？

『信頼関係を結びなさい』これなら怒る人はいませんよね。『相手を好いて、相手に好かれなさい』これもそうでしょう。でも、人気者になりなさいとは、要は、そういうことじゃないでしょうかね。

では、どんな人が人気者でいられるのでしょう？

もちろん、言葉がきつい人や性格が厳しい人などは人気者にはなれません。でも逆に、優しそうで慈愛にあふれている人ならかならずお年寄りに人気があるかというと、案外そういう人に限ってそれほど好かれていなかったりします。そんなケアスタッフさんをたまに見かけるんですが、どうも優しければいいのかというとそうではないのが高齢者ケアのようです。

なぜならお年寄りは「気持ちが優しいこと」を望んでいるんじゃなくて、「具体的に助けてくれること」を望んでいるんです。だから、ケアする人が優しい「人柄」かどうかはあまり関係がないんです。それよりも重要なことは「頼りがい」なんです

ね。

ケアする側に必要なのは、目の前のお年寄りがどう時間を過ごしたいのか、どう過ごすべきなのかをきちんと見定めようとする責任感の強さです。そして、その責任感の中には「優しく接する」ことが要素として必ず含まれているわけです。

この順番は大事だと思うんです。

優しいから責任を持つのではなく、責任を持つから優しさを実行する。高齢者ケアする人が、優しくて、朗らかで、明るくて、頼りがいがあることは責任の中に含まれるものです。その責任の一部なんです。

高齢者が求めているのは「1に頼りがい。2に優しさ」です。頼りがいを感じさせる人こそが、お年寄りの暮らしを明るくし、お年寄りの心を支えることができる人です。

8　頼みやすい人になる。

深夜の高齢者施設。

ナースコールを押すのを躊躇しないお年寄りはひとりもいません。

ひょっとしたら迷惑をかけるかもしれない。忙しいときに押してしまうかもしれない。「少し待ってくださいね」と笑顔で言ってもらえるかもしれないけれど、そのときの情けない気持を味わわなければならないかもしれない。

いつもそんなふうに感じています。だからお年寄りは、深夜の一人の部屋で外の様子をじーっと耳を凝らして探っています。

いま押していいかな……。

もうちょっと後のほうがいいかな……。

誰ひとりとして、駅でキップを買うような気分でナースコールを押す人はいないんです。

誰かに何かをお願いするのは怖いことです。

なぜなら相手に何かを感じさせてしまうから。

面倒だ、うるさい、後にしろ……なんて、誰も思われたくありません。しかも頼みごとをしたい相手には、恩を返せるあてもない。そんな相手に頼みごとなんて誰もしたくないんです。

しかしいつの日か、いざという時がきてしまうかもしれない。夜、急に苦しくなる時がくるかもしれない。その時は、誰かにすぐに来てほしい。その時のために、いつでも知らせることができる安心がほしい。

でもやっぱり、頼むことは心苦しい……。

お年寄りは、命をつなぐナースコールを握りながら想いをぐるぐるとさせています。

毎夜毎夜、お年寄りはいろいろな逡巡の末にようやくナースコールを押します。押す前に何度も、何度も、押すのをあきらめたりするんです。あの小さなナースコールを軽々しく押している人なんていないんです。

私たちにできることは、コールするときのそんな気持ちを少しでも理解すること。

頼みごとそするときの心のストレスを少しでも考えることじゃないかなと思うんです。


頼みやすい存在になること。頼みやすい環境をつくること。人と人の間の壁を取っ払うことが、お年寄りの暮らしを根本から支える安心感につながるはずです。


頼みごとをされた時にどんな印象を残すか。

これって大きなポイントだと思います。

頼みごとをされてなにかを考えるような表情やそっけない態度をとったりせずに、すぐににっこりと向き合って言葉をかけること。そんなことが、お年寄りの心の「安心感」のスイッチをオンにしてくれます。

頼みやすい存在感でいることは仕事を増やしそうだと感じる人がいるかもしれませ

ん。しかし、逆に、「不安感」のスイッチを押させてしまっては、ケアする人にとってもお年寄りご本人にとっても何ひとついいことのない損なことです。かえって不安を大きくして、解決できないような仕事を増やす原因にもなってしまうものです。

9　元気のいい姿を見せる。

レクレーションって、「生きる力」をリクリエイトすることだと思っています。要は「元気」を心にわかせるかどうかということなんですね。

なので私は、

「あんたに会うと元気が出る」

って言ってもらえることを目標にしています。

この角を曲がるとお年寄りがいるというところで心の中でパンと手を叩きます。そこで自分のスイッチが入ります。そんなことを意識的に繰り返していたら、今ではお年寄りの気配を感じただけでスイッチが自然に入るようになりました。「よし勝負だ、元気な姿見せるぞ！」って身体が反応するんです。

言葉を交わしているお年寄りの表情に「まあ、私もぼちぼち元気出そう」という意思が浮かんでいるのを見ると、……ああ、こちらの温度がちょっぴり伝わってよかったなあって思うのです。

元気のいい姿を見せること。
暮らしの中に元気のいい人がいること。
これは高齢者ケアの鉄則だと思うんです。

お年寄りの元気を引き出すには、(あれ？ この人、今日は何か特別にいいことでもあったんじゃないかしら？) って思わせるくらいに、元気のいい姿を見せることです。表情にも、態度にも、言葉じりにも元気を弾けさせる。気分爽快で、明るくて、堂々として、自信たっぷりで、頼りがいのある余裕しゃくしゃくな態度でふるまう。

そのエネルギーがあふれる姿を見ているだけでお年寄りは本当に元気が出てくるものです。

逆にタブーなこともあります。

それはお年寄りがいる場所で、何かを考え込んでいるような表情をすることです。お年寄りが視線を投げかけているのに視線を返しもせずに自分の世界に没頭していたり、スタッフ同士が興奮した声で会話するのも、ゆったりとした暮らしを邪魔してしまうでしょう。**さらには、憂鬱な表情、険悪な表情、くたびれた表情、重たく沈んだ表情もお年寄りの心にはマイナスにしかなりません。お年寄りの心の中に「不安」をわざわざつくりだすようなものです。**

たとえば、食事の準備、周辺業務、汚れたものの片づけ……、あらゆる仕事を楽しそうにニコニコとこなしてみてください。廊下を歩いているとき、エレベーターを待っているとき、スタッフ同士で話をしているとき、どんなときでも元気な姿を意識していると、その明るい表情や元気いっぱいの姿でお年寄りは安心を感じることができます。

高齢者ケアってやっぱり「単純な介護作業」じゃないんですよね。

お年寄りの心の中に元気が湧き出るような姿を見せることも大事な役割のひとつだと私は思っています。

10 鏡になる。

お年寄りに笑ってもらうのに言葉はいりません。こちらがニコニコ笑っていればお年寄りは笑い返してくれます。反対に、こちらがキーッとなっていればお年寄りの気持ちは高ぶったり、暗くなったりしてしまいます。

それってまさしく鏡の関係なんだと思います。

だから私はいつでも笑っています。理屈もなく、本心もなく、ただ神様に課せられた仕事だと思いこんで一生懸命に笑っています。こちらが笑っていれば、お年寄りは笑う。こちらが安心していれば、お年寄りは安心を覚える。たったそれだけのシンプルなスイッチですが、これはお年寄りの心にとっては重要なスイッチとなります。

ただし、笑いながら謝ったり、笑いながら指示したりすることはやってはいけません。

そんなことは人間同士ならば当たり前のことなんですが、つい自分の立場を保とうとしてそんなことをやってしまうのが人間の心です。謝るときは真剣に。姿勢を正して、きちんと頭を下げる。私も時には、笑顔のまま謝っている自分に気がつくことがあります。そんな時はすぐに表情を切り替えて、

「いやいや、笑ってる場合じゃないですね。本当にすみません。以後はきちんと気をつけます」

と謝ります。敬意のない笑いはお年寄りの心を深く傷つけてしまいます。

そして、お年寄りといっしょに笑うことも大事ですが、それ以上に大事なことはいっしょに悲しむことだと思います。

自由もない。やることもない。できることも少ない。身体も悪い。判断もおぼつかない。いいことはあまり起こらない。まわりにいる人はみんないい人で励ましてくれるけれど、こんな状況で長々と生きながらえるのは苦し過ぎる。

お年寄りにはそんな気持ちがあるかもしれないことを十分に想像していてくださ い。

だから、悲しみを否定しないでください。
だから、悲しみをないものとしないでください。
だから、悲しみを別のものにすりかえたりしないでください。

悲しむことはすべての人間の権利です。奪われてはいけない自由です。そして、相手が悲しい顔をしていれば、あなたも同じ顔をしてください。悲しさを共有できれば、それは希望になるんですよね。鏡を覗き込んでもそこに自分の顔が写らなければば、それは絶望なんです。

お年寄りにとって、まわりの人は自分の暮らしを作る大切な一部分です。そのために必要なことは、「私はあなたの一部ですよ」とまわりの人がお年寄りに伝えることです。あなたの痛みは私の痛みです。あなたの喜びは私の喜びです。そんな気持ちを伝えることができれば、あなたはお年寄りの大事な日々を彩るのに欠かせない環境のひとつになれると思います。

第4章

お年寄りの「生きる気持ち」が
前を向くための心のスイッチ

1　責任を持ってもらう。

お年寄りと過ごしていると、

「……早くお迎えがくればいいのに」

そんな言葉を何度となく聞きます。

自分もつらいし、お金もかかるし、家族にも迷惑をかけるし……。お年寄りの言葉の中には、いつもいろいろな気持ちが混じっています。**でも、たとえどんな心境、どんな境遇にあったとしても、「前向きに明るく過ごさなくてはいけない」という責任がお年寄りにはあるんじゃないかと、私は思うんです。**

「ほんとですね。苦しいのは嫌ですもんね……。でも、○○さん。いつお迎えが来ようとも、ともかくそのときまではできる限り健康のままで、ケガもせず、まわりの誰も慌てさせることなくしっかりしててくださいよ。健康に気をつけるということは、○○さんにしかできない大切な責任ですからね……」

ふたりっきりの居室とか、骨折したときのお見舞いの病院なんかで、少しでも励ましになればと思いながら、そんな話をするんです。時にほんわかと、時に笑いながら賑やかに、時に手を握りながら力強く話します。すると、その言葉を否定するお年寄りなんてあんまりいないんですよね。逆に、

（……ああ、そうだった。それがあった）

って顔をしてくれるんです。自分が果たすべき責任が見つかると、それは明るい目標になりますからね。

その責任よ！　意識に定着してくれ！

と私は祈ります。それはお年寄りにとっての「生きる力」になりますからね。

教室の終わりがけに、私はかならず締めの言葉を言います。

「次回もかならずこのメンバーで集まりたいと思いますので、みなさん、それまでお元気でお過ごしください！　では、本日は以上！　おつかれさまでした！」

こう言って、次回まで元気でいる責任を持ってもらうんです。

お年寄りからは奪ってはいけないものがあります。

それは、自分の責任で最後まで生きる、という意思です。

なんとなく感じている「意識」ではなくて、もっとはっきりとした言葉になっているような「意思」です。

それを持っていなかったり、まわりが奪ってしまったりすると、お年寄りは生きる意気込みをごっそり無くしてしまいます。あればもちろん心は前を向くし、表情も生き生きとするし、笑顔もたくさん増えます。

その基本になることは、

『あなたが健康だとあなたは自由です。あなたは健康な分だけ自由でいられます。そのために必要なことは、あなた自身が今ある健康を大切にすることですよ』

そんなメッセージを毎日毎日、伝えることだと思っています。

この章では、そのような、お年寄りの「生きる意思」をいつまでも継続させるための心のスイッチを紹介してまいりましょう。

2　望みは叶える。

私の教室で毎回のように使うのはｉＰａｄとスピーカーです。

その場でリクエストされた音楽があればすぐに流しますし、自分で持っていなければＹｏｕＴｕｂｅの動画を見てもらったりします。

「私、美空ひばりより、コーちゃんが好き」

「おっ！　越路吹雪ですね！　あ～なた～の燃える手で～、よし、愛の讃歌、かけちゃいましょう！」

こうすれば、ただ準備していたプログラムを消化するだけではなく、本当に心に響くものをどんどん作ることができる。私の教室は「会話」を発展させたものにしたいので、いちばん大切なことはその瞬間の心の動きであり、それに応えることなんですね。

毎日の生活に必要なものは生活の幹です。

でも、それだけでは人間の心は生き生きしない。大事なことは枝や葉がたくさんあることなんですよね。そこに風が吹いたり日が照ったりするから、それぞれの枝や葉がそよぎ、輝く。それが個性になるし、生命感を産みます。

しかしながら実際の高齢者ケアの場では、枝や葉というものは、基本的にイレギュラーなこととして避けられがちなんですよね。

「午前中だけどウイスキーを飲みたいなあ」

「ポストまでちょっと行きたいんだけど」

「お風呂の日じゃないけどお風呂に入りたい」

お年寄りが急にそんな望みを持っても、それは当然シャットアウトされます。

しかもその上、「団体生活ですから勝手なことは言わないでください」なんて怒れたりもしてしまう（笑）。でももちろん、お年寄りは団体生活なんてしてませんよね。一人ひとりの自由な暮らしがそこにあるだけで、アパートやマンションで暮らしていることと同じですから。幹をしっかりと運営しながら、枝や葉を茂らせることが、高齢者ケアの腕の見せ所なんですけどね、本当は。

老いることって、そもそも不自由を負うことです。その上、施設ケアの中で暮らして、個人の暮らしの幅が狭まるとさらに不自由さは増します。そんな環境だからこそ、ひとつひとつの望みってお年寄りにとっては大きいものなんです。それが叶うか叶わないかは、生きる気持ちに直接大きな影響を与えると思ってもいいくらいなんですよね。

その望みに気づいて、形にするのが高齢者ケアが尽くすべきこと。暮らしの幹になる衣食住を満たすだけではなく、望んだ枝を一本でも伸ばし、願いという葉を一枚でも茂らせることが、お年寄りが生きる気持ちを上向かせ、生きる気持ちを「自家発電」させることにつながるのだと私は思っています。

さて、望みを叶えるといえば、まえがきに書いた「コーラの話」がありましたね。あのお年寄りは結局、コーラを飲むことはできませんでした。つまり私は、あの望みを叶えることができなかったんです。しかし、私はその日、別のあることをしたんです。それを次の項目でご説明いたしましょう……。

3　約束をする。

まえがきの続きの話をします。

その日、「コーラが飲みたい」とおっしゃったもうすぐ100歳のお年寄りは、結局コーラを飲むことができませんでした。（いやいや、違うな。私や、私を含む高齢者ケアスタッフは、その望みを叶えることができませんでした）。

その小さな願いを叶えるには、高齢者ケアの仕組みは複雑すぎるんです。私はその壁を超えることができませんでしたし、超えたとしてもプラスのことばかりではなさそうだったので、あえて壁を越えようとはしなかったんです。

でも、考えました。

（コーラが飲みたいって急におっしゃったけど、コーラが飲みたいってどういうことだろう……？）

つまり、コーラを飲むことによって何かを満たそうとしているんです。そのコーラには、かならず理由があるんです。では一体、身体の中で何が起きていて、頭の中でどうつながっているんでしょうか？　介護職員は日頃からそう発想するように訓練されています。そして、その答えを導く経験も毎日重ねています。

そこで私はこう考えました。

……そうか、ひょっとしたら、ただ冷たい飲み物が欲しいだけかもしれない。もしくは、ただ喉が渇いているだけかも。いや、ただ単純に口の中が気持ち悪くてすっきりしたいだけかもしれない。

私はそんな仮説を立てました。そこで私は、いつも飲んでもらっているトロミのついたお茶に「氷」を入れてみました。すると、そのお年寄りはすぐに口をコップに近づけました。そして、……ごくん、ごくんと、冷たいお茶を飲まれたんですね。飲み

込み終わると、ちらっとこちらを向いて、

「……あああ～」

っておっしゃいました。

うーん、これでよかったのかな（笑）。もちろん本当に満足していただけたかどうかはわかりません。**でも、これは私の中で大切な気づきになりました。人が心に抱く願いは、いつも言葉通りとは限らないんですよね。**「コーラ」という望みを「氷」という望みに置き換えることによって、願いを満たすこともできるんです。

そして私は、そのお年寄りと約束をしました。

「コーラはないけれど氷だったらいつでもありますからねー。いつでも言ってくださいねー」

こんな一言も、望みを持った人には大切なことだと思うんです。

望みって叶うか叶わないかだけじゃないんです。望みに対して、まわりがどうリアクションしたかも大きなものとして心に残るんです。「できません」と言うよりも、

「できなくて、ごめんなさい」と謝れば心は前を向きます。ただ謝るよりも、「別のことならできますよ」と約束すれば、気持ちはきちんと前を向けるんですよね。

お年寄りの暮らしをストップさせないためには、望みに対してはそれを実行するか、または約束で終わることが大事なんじゃないかなと私は思っています。

4　ずっといると伝える。

おもしろいもので、「お年寄りとの約束って大事なんですよね」と言うと、ケアスタッフさんはうなずいてくれるんですが、「お年寄りとは約束をしてください」って言うと、ケアスタッフさんはうなずいてくれません。

「いや、でも、約束を守れなかったら怒られてしまいます……」

「約束が果たせなかったらお年寄りを悲しませてしまう……」

そんなことをおっしゃいますね。中には、

「約束なんてしても、向こうが忘れてしまうので意味がありません！」

なんてことまで当たり前のように考えているケアスタッフさんもいるようです。

（いやいやいや……笑）。


その瞬間に約束で終わるということが何よりうれしいことなんです。

だから極論を言うと、約束って守れなくてもいいんです。だって、守れなかったら謝ればいいんです。代わりになる別の約束をすればいいんです。

「すみません！　先の約束があったから、ちゃんと順番に来ますね」

「お昼の準備をしないといけないから、その後でかならずやります。遅れちゃってごめんなさい」

約束ってつながりなんですよね。できませんとか、わかりませんで終わらせてしまったら、望みが断たれるだけではなくて、人間のつながりも断たれてしまうんです。人間のつながりを断つくらいなら、約束にチャレンジしてもらいたい。

「でも、もしできなかったらごめんなさいね。でもちょっとやってみます！」

こう念を押しておけばいいだけのことですから。

もちろん、ちょっと頑張ればできるような約束でいいんだと思いますよ。

「一回だけなら多分できると思うから、ちょっと頭に入れておきますね」

「できるようにリーダーに頼んでみますから、ちょっと待っててもらえますか」

「業務中は無理だと思いから、タイムカード押してからやりましょうか」

ただできませんで終わらせないことです。つながりを断たないことです。ちょっとした約束でも実行することは大変ですが、小さな約束でもお年寄りにとってはうれしいし、こちらが思っている以上の元気につながるものです。


望みを叶えたり、約束をすることはお年寄りの過去や未来になっていきます。あの時にもこの人がいた、こんな時にもあの人がいてくれる。そんな心の安心が前向きな気持ちにつながります。

「私、いつでも来ますから。いつだってずっと来続けますから」

もちろん人間同士ですから別れはいつかかならず来ます。でも、その時まではずっと来ますし、ずっといっしょです。そんな約束をお年寄りはしてもらいたいんじゃないでしょうか。

私が思うに、「あなたの人生の最後の期間を、私は最後の日までそばにいますよ」とはっきりと伝えるのは高齢者ケアの大事な仕事の一部なんですよね。だから私は、亡くなるまであと2、3日だろうという方にも、「また一週間後に来ますからね。またかならず会いましょう」って約束します。もう会えないかもしれないってお互いに分かっていてもです。それはもちろん、その約束がその人の心を温かくするからなんですよね。

5　会いに行く。

ご家族が海外で暮らしている奥さまがいます。

ええと、たしか、90歳をちょっと過ぎていたかな。

その方がある時、こんなことをおっしゃっていました。

「家族ですか？　だあれも来ませんよ。だからいつもここで座ってます。ここで座って何やってるかって？　……そうねえ、別に何もしてません」

その言葉の裏にあるだろう空白の時間の長さを思うと私はぞっとしました。


老人ホームに入居されているお年寄りは毎晩毎晩ひとりで寝ています。目を閉じてもひとりです。目を開けてもひとりです。

老人ホームで暮らしていれば、確かにまわりに人がいてひとりぼっちではありません。助けてくれる人もたくさんいます。絶対にひとりではありません。でもお年寄りは一日のほとんどの時間をひとりで過ごします。だから、いくら自分の近くをケアスタッフが四六時中行き来していても、施設で暮らしているお年寄りはいつもひとりぼっちの感覚なんです。

「このホームの人はいい人ばかり。でも、ひとりで寝ているときどうしようもなく寂しく思う」

そんなことをおっしゃっていた方もいます。

お年寄りは人恋しいとわがままを言っているのではなく、自分の存在が誰とも関係していなくて、世間から遠ざかっている感じがたまらないんです。置いてけぼりにされたような孤独感はぬぐいようがないものだとも思います。

別のある人は、私にメールでこう伝えてくれました。

「こうやってメールを書くだけで安心できます。誰かが私とつながってくれていていることがわかるからです」

つながりのない心許なさは生きる力を蝕みます。それは老人ホーム環境だけに限らず、どのようなお年寄りの暮らしにとってもそうなんだと思います。いや、お年寄りじゃなくてもそうですよね。

だからできる限り、顔を見にいってあげてください。

「元気？　顔見に来たよ」という理由でいいんです。「声聞こかうなって思って」という理由で電話もしてください。「サボりに来ました」とか「帰る前にお茶を飲みに来ました。座っていい？　はぁ〜、疲れた〜」みたいな理由だって、つながる理由になります。そこで心の中身を換気するような感じでおしゃべりして、「じゃあ、またね。来週もおじゃましま〜す」と次の約束をする。それが世間とつながっている証拠になって、生きる力になりますから。

会いに行くって大事なんです。

入院したお年寄りがいればお見舞いに行くべきだし、退所したお年寄りにも会いに行くべきです。行かないからといってマイナスになることはありませんが、行けば大きなプラスの力になることは確かなんです。

そして、会いに行くだけではなくて、そこでいっしょに同じものを食べるとか、テレビを一緒に見て過ごすとか、たまには一晩過ごすとか、そんなことがお年寄りの孤独感を打ち消し、心を前向きにする特別なスイッチになるんだと思います。

6　本人に聞く。

高齢者ケアをやっていると、いくら考えても答えが見つからないときがあります。そもそも矛盾ばかりなんですよね、高齢者ケアって。

施設では何不自由ない暮らしなのに、ご本人には自由な気分はあまりありません。長生きしてほしいとこちらが願っても、この状況が続くなら早くお迎えにきてほしいとお年寄りは心の底で願っています。助けろとも言われるし、あまり助け過ぎてはいけないとも言われます。

どうしましょうね、これ。

どうして高齢者ケアって、こんなにピッタリこないことが多いんでしょう。しかも、いろんな人が、いろんな正解を言います。私はこう思うとか、介護の本にこう書いてあるとか、ケアプランにこう書いてあるとか。看護師が言うには、ケアマネの意見は、家族の要望がどうでとか。個人情報がどう、役所がこう、隣の部屋の方がなんだ、その人の生活歴がどうたらこうたら……。じゃあ、一体何が一番正しいのかってことになって、その場が一向にまとまらなくなる。

でもそれってちょっとおかしいことですよね。ケアマネとか、家族とか、介護保険とか、過去の生活歴とかよりももっと大事なことがあるでしょう。

いま、ご本人がどう思っているのか。

元気だった頃のご本人だったらどう言うのか。

なぜかいちばん大事な本人の意見が抜けているんです。

ご本人の口から出た言葉ってどんな正解よりも正解ですよね。いや、それ以外の基準なんてないんです。だって、本人の命や、本人の残りの人生や、本人の思いを人生の最後に輝かせるためにケアをしているんですから。

答え探しの基本は常に「いまの本人」。

本人の言葉をしっかりと聞いて、受け止めてください。

高齢者ケアがするべきことを考えるのとは別に、まず本人は何を望んでいるのか、本人にとって何が欠けているのか、本人の生きる力を奪ってしまっているものは何かを日頃から知ろうとすることも大事です。そのためには、お年寄りが素直な言葉を伝えることができる環境をつくってください。言葉をふさがず、思いをふさがないでください。誰かにだけは本心を打ち明けるのなら、その人に言った言葉を重要視してください。ともかく、教科書、常識、ふつうの考え、それをすべて捨てろとは言いませんが、そういったもので本人の思いをふさがないでほしいのです。

本当にそれは意味がない。

高齢者ケアの完全な逆行だと思います。

お年寄りは毎日毎日、自分の人生について考えていますよ。高齢者ケアって、ゆっくりと長く続くホスピスなんです。だから、聞けるならば聞くべきなんです。「最後までの時間をどう過ごしますか?」って。

でも、そんなことを直接本人の口から上手に聞き出すことはできません。お年寄りには遠慮もありますし、本人にだってうまく言葉にできないかもしれません。だからこそ、ふだんの暮らしの中でいつもそれを探りながら高齢者ケアすることが大切なんじゃないかなって思っています。

7　支配しない。

高齢者ケアってどんな立場なのか。

それは、困っている人を助ける立場です。

助けるけれど、これはただの順番なので、あなたは威張ることはできません。そして、たとえあなたが威張らなくても相手にとってあなたは支配者です。

ある日、こんなお年寄りがいたんです。

昼頃にあいさつをしに行くと、顔色が悪くて浮かない表情をしていました。いつもならパッと輝かせる表情が曇ったままだったんです。「どうしたんですか?」と聞いてみても、「別に……」とおっしゃっている。おかしいなあと感じながら、また夕方に声をかけに行ったんです。(ここはと感じたときはしっかりと手間をかける!)。するとおしゃべりをしているうちに、表情が優れない理由がわかりました。

「今朝ねえ、ひどいスタッフさんがいてね。朝のお茶を部屋に持ってきてくれたんだけど、ドンって置いて、そのまま一言も言わずにすーって行っちゃったんだよ」

一度、話し始めるといろいろな不満が言葉になって出てきました。そして最後に、

「ああ~、悔しい!」

っておっしゃいました。


お年寄りってそもそも悔しいんです。

体のこと、頭のこと、それから、人からの接せられ方のこと。昔だったらこうじゃなかったことがたくさんあって、それが悔しいんです。

でも、自分だっていつかは自然に弱くなるであろう部分を手助けすることが高齢者ケアです。それって、前もって自分を助けているようなものだと思うんです。

高齢者は特別な事情で弱さを持っているわけではありません。誰がそうなってもおかしくはない状況で苦しんでいます。だからこそ助けることができる人が助けを必要としている人を助ける。こんなに対等なことはありません。

おたがい様の気持ちを持つこと。いつも対等な社会人同士で、つきあいに上下の関係をつくらないこと。これもまたお年寄りの心には大きな力になります。

そんなお茶の出し方をしたケアスタッフさんに悪気はなかったのかもしれません。

次にしないといけない介護業務が山ほどあって気持ちが回らなかったのかもしれません。

でも、介護士って、お年寄り一人ひとりに一対一で働く人のはずです。介護業務を優先する人は、介護士ではなくて「会社」護士です。会社越し、業務越しには、人の心とは向き合えませんよ。介護業務を守るために、ひとりのお年寄りを威圧的に支配

してしまっては、お年寄りには悔しい思いをさせてしまうだけなんです。

8　1に手助け、2に自立。

自立支援って言葉があります。

これもまたちょっぴり支配的な言葉ですよね。いや、もちろん本来はそんな意味はないはずですけどね。

自立支援とは、お年寄りのすべてを手伝いするのではなく、自分でできることは自分でやっていただけるようサポートすることです。そうやって機能低下や生活意欲の向上をはかろうという考え方です。

でもこれ、簡単なことのようで実際には意外と大変なんです。

だって、ご自分でやっていただくとなるとケガのリスクだって高まりますし、神経も余計に使いますしね。そもそも介護業務って、速さや確実性で言えば、こちらでお手伝いさせてもらったほうがかえって楽なことも多いんです。

でも、お年寄りが生き生きとした暮らしを持続するためには、お年寄りの機能を奪ってはいけませんし、お年寄りの暮らしを完全に支配してはいけません。だから、自立支援は大事なんです。……という理屈を、介護士は勉強して習って、私自身もそりゃそうだなとずっと思っていました。

でもある時、こんなことがあったんです。

ある日の夕食の後のこと。一人の女性のお年寄りが車いすでお部屋に戻ろうとしていたんです。リビングから長い廊下の入り口まではお手伝いしましたが、その先はお任せしました。まっすぐなので転倒もないし、足や手を少しでも動かして欲しいし、その間に食器の片付けや他の方に食後の薬を飲んでいただいたりすることもできます。

「あとはまっすぐなのでご自分でゆっくり行ってください。後で追いかけて行って歯磨きの手伝いしますから」

私はそう言いましたが、その女性は懇願するように私を見上げます。

「ええ～、私～、無理よ～……」

そうはおっしゃっても無理なことはないんですね。いつもやれているし、少しでも体を日常生活で動かしていただくためにも私は心を鬼にします。

「いいえ、ゆっくりで構いませんよ」

「ええ～、だって～……」

そんなやりとりを見て、他の車いすのお年寄りがこうおっしゃったんです。

「ねえ、もっとお年寄りを大事にしなさいよ」

私は改めて、はっと気がつきました。そりゃそうですよね。お年寄りは助けなきゃ。いや、そうするつもりでそう言っているんだけど、本人からしてみればまるで助けにはなっていない。正反対の結果になってます。そもそも、自分でやろう、自分でやりたいという気持ちがあってこその自立支援なんですよね。健康維持のために必要だからと自立を強いるのは支援でもなんでもないんですよね。

こう書くと、「そんなことは自立支援の基本です」なんて反論を言われそうですが、現実的には、良かれと思ってやらせてしまっている自立支援が結構たくさんあるように思います。中には、「多少の拒否があってもご本人のためにやっていただく」なんてケアプランにまでご丁寧に書いてある。本人からしたら。（こんなに弱ってしまったのに、まだがんばらないといけないのか！）と、生きた心地すらしないかもしれません。

別の項でも書いたように、お年寄りはひとりの社会人であって、特別に大切に扱わなくてはいけない存在でもあります。**だから、助けが必要ならば手伝う。困っていそうなら気遣って声をかける。それがお年寄りに対する第一の基本なんですよね。心を鬼にまでしてする自立支援なんてないんです。**

介護をしている目的を、いつだって言葉できちんと整理しておく必要があると思うんです。目の前のお年寄りには何が大切で、自分は何のために何をしているのか。それを考えたら、本人の思いよりも自立支援が最優先される場面なんてありませんよ。高齢者ケアする以上、いつだって北風にならず太陽になるべきなんですよね。

9 励ましに始まり、励ましに終わる。

デイサービスに勤めている20代前半の女性スタッフさんが、あるとき私にこう言ってくれました。

「トミーって、癒しのトミーだよね」

……癒し？

そうか若い女性にはそう見えるのか、なるほどなあ、なんてことを思いつつも、私はこんな言葉を彼女に返しました。

「癒してるっていうより僕はただ励ましてるんだよ。だから励ましのトミーだよ」

私は、その場の心の温度を少し上げるヒーターのような存在にならないといけないって思っているんですね。だから、「さ～あ、みなさん、元気出してまいりましょう～！」ってただ旗を振っているんです。それは、介護業務をするときも、教室の先生をするときもそうなんです。それはきっと、癒しているというよりも、励ましているということの方が近いように思います。

しかし、また別の場所では、30歳前後の女性ケアスタッフさんにこんなことを言われました。

「富永さんが来てくれていつも入居者さんが癒されています。スタッフまでも癒されています」

……スタッフさんまで（笑）!?

私は、いつも赤いエプロンをかけて、小だいこをポンポン叩いて、あっちやこっちにカラ元気で歩き回っています。まるでピエロのようにお年寄りからお年寄りの間を行ったり来たりしているんですね。それが癒しと受け取られたのかもしれません。

私は、お年寄りの心に少しでも「いい影響」が残るように、明るい雰囲気や親しげな態度でふるまいます。そして姿の印象だけではなく、具体的な励ましの言葉もお年寄りの心に残します。

「おたがい様だから、気にしないで～」

「一緒にぼちぼちがんばりましょう～」

「いいお正月を迎えましょう～」

「一日にこれさえすればバッチリです！」

「なんかのときは私がいるから大丈夫！」

こんな励ましの言葉が、お年寄りの心にポッと火を灯します。前向きな表情で励まして、希望にあふれる態度で励ませば、下向きかけていた「生きる力」がやっぱりちょっと上を向こうかなって思ってくれるんですよね。


結局、高齢者ケアって、すべて緩和ケアなんです。

体の痛みだけではなくて悲しみやつらさを緩和するケアなんです。衣食住という施設ケアだって高齢者福祉という緩和ケアの中の一部に過ぎないんです。どんな状況でも苦しんでいるのはお年寄り本人。わがままのようなことを言っているようでも、人生の最後の時間に毎日向かい合っているのはお年寄り本人。誰が見ても間違っていることをしていても、不安の中で生きているのはお年寄り本人。それは「老い」や「病気」や「認知症」がそうさせていること。だから、否定せずに、痛みを感じつつ、励ますんですよね。

でも、それは理想なのかもしれません。家族や高齢者ケアスタッフのすべてが、どんなお年寄りにもそうであることは現実的には難しいかもしれません。そうだとしても、高齢者ケアの中心にあることは「緩和」であることということは、高齢者ケアをする以上、いつも忘れてはいけないことだと私は思っています。

10　心の温度を温める。

お年寄りのバイタルチェックは欠かすことができません。

体温や血圧の確認だけではなく、目でよく見て顔色や活気を感じ取る。それは高齢者ケアの大事な仕事のひとつです。

私はいつも温度計を持っています。これから教室に参加するお年寄りも、今夜ケアをするお年寄りも、まず温度計で温度を測ります。**ただし、私が測るのは体温ではありません。心の温度です。**声をかけたときの表情。返ってくる言葉。握手したときの握り返す手の力。心の温度は、そんなふうにして測ります。

もちろん中には、目を合わせてくれない人や、表情が曇る人もいます。

「あなたとおしゃべりしたくはありません……」

という人がいたら、しばらくそっとしておきます。

遠火の強火というのは七輪でおいしく魚を焼くときのコツだと向田邦子のエッセイに書いてありましたが、人の心も遠火でじんわりが効くようです。

こんな話をすることがあります。

「お年寄りには年齢があります。でも、私は誰がいくつかってあんまり覚えられないんです。というか覚える必要もないような気がしています。だって、心には年齢なんてないでしょ。心にあるのは温度だけです。そして、心の温度はいつだって『いま』

生まれます。二十歳の心もいま生まれます。１００歳の心もいま生まれます。だからいつも０歳。どんな心もいつもいま生まれたてです。だから私は、みなさんのいまの心の温度を見せていただきたいと思っています」

高齢者ケアの中心は心です。

うれしい、悲しい、つらい、生きていて良かった、生きていたい、もう生きていてくない……。それはすべて温度なんです。高齢者ケアの本質は、お年寄りの心の温度をずっと一生懸命に見ることです。そして、心に温度をつくるお手伝いをすることが介護業務をすることや体調の管理をサポートするということです。

年齢。血圧。体温。血糖値。骨密度。要介護度。血中酸素量。

そして、心の温度。

心の温度を測るのはお年寄りと接する人の心でしかありません。高齢者ケアする最大の道具は、温度のある人の心です。

心をケアしよう。心の温度をどうにかしよう。

そう思うのが高齢者ケアですし、お年寄りを笑顔にするスイッチを見つけるいちばんの近道なんです。

第5章

高齢者ケアをする人のための
心のスイッチ

1　介護ではなく福祉をする。

ここまで様々なお年寄りの心のスイッチについて説明してきました。

いかがでしたでしょうか。

今日すぐに押せそうなスイッチもあれば、押すのにはちょっと覚悟がいりそうなスイッチもあったかもしれません（笑）。

でも確かに、いくらお年寄りの心のスイッチの場所を理解していても、押す側の人の心のスイッチが入っていないと意味がないんですよね。そこでこの章では、高齢者ケアをする人側の心のスイッチについて触れたいと思います。

ある老人ホームで、こんな質問をしたことがあります。

「高齢者ケアのいちばん難しいところって、どこですか？」

すると、40代の女性スタッフさんはこう答えてくれました。

「理想と現実の違いです」

なるほど。よくわかります。

もっとこうしてあげたい、もっと時間をかけてあげたい、もっと手をかけて心をかけて高齢者ケアをしたい。でも、時間的にも、流れ的にも、マンパワー的にも、やりたいことの半分もできない。いちばん重要なことがやれていないような気がする……。このスタッフさんは、きっとそんな気持ちでそうおっしゃったんだと思います。

いま現在おこなわれている介護業務って暮らしの下準備ばかりですからね。レストランで例えると、下ごしらえのようなものなのかもしれません。

そうやって生活の基盤をつくるお手伝いは、もちろんなくてはならない大切なことなんですが、介護業務だけをやっていたのではお客様の「美味しい」はなかなか聞くことができません。そのためにはもちろん調理しなくてはいけませんし、お店の雰囲気も良くして、時間をかけてコミュニケーションもしないといけないでしょう。でも現実の介護の世界って下ごしらえばかりで一日が過ぎていくんですよね。だからこのケアスタッフさんは、「もっと美味しい料理を食べさせてあげたいのに」と思っているのかもしれません。

でも介護業務をはじめてすぐに、私は、なあんだって思ったことがあります。そもそもお年寄りは「介護業務」を欲しているんじゃないんです。「やさしい気持ち」を欲しているんですよね。それは下ごしらえでもなければ、おいしい料理でもないんです。言うなれば、いっしょに食事をする人がお年寄りの心には必要なんです。

だから最初っから、目指すべきことは「介護」じゃない。言い換えるならば「福祉」なんです。

私はどんなときも「介護」しようとは思っていません。

なるべく「福祉」になるよう心掛けています。

そもそも「介護業務」って「高齢者福祉」の中にあるものです。

この福祉という漢字は「福の神が止る」と分解できます。つまり、幸福の神様をやどすための行為が福祉なんだと私は解釈しています。幸福感をつくりだし、失望や絶望をなくすことが福祉の役割なんです。

下ごしらえに心を込めればお年寄りは十分満足してくれます。その１００点を目指せば、理想と現実の違いに苦しむこともないと思います。それでもなお自分が調理してあげたいと思ったら、介護業務の時間外にやってあげればいいだけなんですよね。調理の理想を下ごしらえだけで実現することは、そもそも無理なんです。介護業務は福祉の中のほんの一部であって、福祉のすべてではありませんから。

介護業務には１００点がないんですよね。お年寄りに必要な手助けは果てしないですし、最終的に１００％の心の穏やかさは実現できません。医療ならば完治もありますよ。でも、介護に完治はないし、終わりはありません。だから、介護をきっちりと理想通りにやろうなんて考えないほうがいい。それは虚しくなるだけなんですよね。しかし、「これは介護業務じゃなくて、福祉業務なんだ」と思うと、いくらでも１００点の方法が見つかります。私だったら、そんな考え方をお勧めしますね。

2　老いとはもう治らない病気だと考える。

先日、何人かのお年寄りといっしょにドライブに行きました。

その日は雨模様でした。それでもお年寄りの表情は楽しげです。なぜならその小さなグループホームでは桜の時期だというのに散歩もあまりできていませんでしたから。

隅田川を渡って、日本橋の百貨店街を通り過ぎます。銀座通りに入っていって、和光の四つ角を曲がります。何かが見えるたびに起きる歓声も次第に大きくなってきます。日比谷公園を過ぎると広々とした皇居の景色です。国会議事堂から三宅坂。国立劇場。英国大使館。そして、花曇りの千鳥ヶ淵は古木の桜が枝を張り出しています。私たちの車が起こす風で花びらが舞って桜吹雪のトンネルになりました。

車の中は、桜の歌、春の歌です。

次々にみんなで歌いながら、歌っちゃ笑い、笑っちゃ歌い。きゃっきゃきゃきゃっきゃ騒ぎながら、桜、桜、桜の一時間ほどのドライブとなりました。

　その途中、助手席の奥さまがぽろっとこぼしたんです。

「こーんな桜、もう見納めだわ」

　だから悲しいというのではなく、だから寂しいという感じでもなく。どちらかというと、だからうれしいという満足げな表情をされていましたね。ああ、その表情が見れて、そのひと言が聞けただけでも来てよかったなあって思ったんです。

「ゆっくりと春を見るものこれが最後かなあ」

「もうおいしいお寿司を食べる機会もないのかなあ」

「温泉に入って気持ちがいいなんてことはもうないだろうなあ」

　お年寄りはいつもそう思っているかもしれませんよね。

　でも、そんなことは口に出さないでしょうね。自分が悲しくなってしまうから。だからこそ想像しなくちゃいけないと思うんです。一本の桜の木の美しさは、１００本分、１０００本分の美しさに感じるかもしれない。15分間の日光浴は、１００日分、

1000日分の太陽の輝きかもしれない。ちょっと大げさかもしれませんが、私はそんなふうに思い込んでいるんです。今年のこの桜を気分のいい人と桜が見れてよかった。いろいろな機会を誰かがつくってくれてうれしい。今日一日がしあわせでよかった……。そう思ってもらえるよう、頭をフル回転させなきゃいかんぞって思っているんです。


老いるとは治らない病気のことです。

不治の病なんです。

お年寄りの心の片隅にはいつも人生の終わりがあります。いや、心のすべてを覆っていて、すべての景色を霞ませているのかもしれない。だからこそ、この世がいかに美しくて素晴らしいか、それを見てもらうために高齢者ケアはあると思って、私はいつも自分の心を奮い立たせてます。

3　いちばん大変なのは本人だと考える。

お年寄りにこんな質問をすることがあります。

「年をとったら毎日のんびり暮らそうって思っていませんでしたか？　でも、実際どうですか？　はあ～、年をとるってこんなに大変だったのか～って気づくことも多いですよね？」

そう尋ねると、みなさん、実感を込めてうなずいてくれます。

老いることがとても大変なことだとは知らないままお年寄りになってしまう方が多いんです。それって、老いの問題を余計に難しくする大きな原因なんです。

多くの人が、「老いたらその時に考えよう」って思っています。自分が人生の最後に障害を持つことなんてあまりイメージしていません。自分で考えることができなくなるとか、自分一人でトイレもできなくなるなんて、ほとんど考えていないんです。自分には絶対に起こりっこないと信じている人ほど、その状態を受け入れるのに大変な苦労をなさっているようです。

職業柄、よくこんなことを言われます。

「大変ですねえ。お年寄り相手のお仕事じゃ」

でもそう言う人に限って、お年寄りがどう大変かなんて自分の身になって考えてもいないし、そもそもほとんど知らないんですね。

「いえいえ。大変なのはご本人ですから。いや本当に大変ですよ。毎日がアスリート生活ですから、身体が老いるってことは……」

自分が高齢者になったときの気持ちを考えたら「高齢者ケアは大変」とは言えないと思うんですよね。高齢者をほんの少し悪者扱いするような、そんな言葉にも聞こえますしね。

お年寄りにもこんなふうに伝えます。

「これまでたくさんのお年寄りと知り合いになってきましたが、まあみなさん、本当に大変ですよ。この先どうしようかなっていつも考えていらっしゃるし、いつも悩んでいらっしゃいます。視力も落ちた。耳も悪い。手も足も年々痛い。それでも力を込めて、毎日毎日がんばるぞって生きていらっしゃる。工夫もしてるし、努力もしてます。まあ、本当に頭が下がります」

老いることってまず受け入れることなんですね。
そして、立ち向かって、がんばることなんです。
そのためには、その大変さをまわりの人間が理解していたり、どう大変なのか言葉で整理して言ってみせることが、お年寄りにとっての励みになります。

「私なんてちっとも！　みなさんのご苦労に比べれば……！」

そんな言葉をたくさんかけるようにしています。

そして、心からそう考えていれば、「この人のために何かをしたい！」という心のスイッチが自然に入るものなんですよね。

4 お年寄りにかなうわけがないと思う。

老いるってひとことで言うとなんでしょうか？

それは変化だと思います。

それも弱く変化するということ。

でも、すべてが弱く変化するわけではありません。記憶想起能力が弱くなっても、経験や知識が抹消されるわけではありませんからね。特に人間の中身についてはほとんど変わらないんですよね。**つまり、気持ちも心も何も変わっていないのに自分の能力や生活が変わってしまう。自分が変わり、まわりが変わり、起こることが変わり、世の中のあらゆるものがまるで変わってしまう。そこが大変なんだと思います。**

落語で、八つぁんとご隠居さんがこんな会話をしているのを聞いたことがあります。

「ご隠居さん、大変です、大変です」

「何を慌てているんだ。大きく変わると書いて大変なんだぞ。なにがそんなに大きく変わった？」

「いえ別に何も変わっていません。でも大変なんです」

ちぐはぐな会話に思わず笑ってしまったんですが、この大変って言葉はお年寄りのこととか障害を持った人の様子から生まれた言葉なんじゃないかなって最近思うんです。

食べることも、好きなことも大きく変わりますし、時間も、自由も、すべて大きく変わります。でもたった一つ自分の心は何も変わっていない。こんな大変なことってありますか？　それでも、前を向いてしっかりと生きるということが高齢期を生きるということだと思うんです。

だから、お年寄りは誰だってすごいんですよね。

もし、お年寄りをすごいと思えない人がいたら、次の言葉を声を出して読んでみてください。

私はしっかりものを見ることができるけど、お年寄りには見えない。

私は言葉をうまく聞くことができるけど、お年寄りは聞こえない。

私は何かをする時に指先がふるえないけど、お年寄りはふるえてしまう。

私は立ち上がるのに時間がかからないけど、お年寄りは自分で起き上がることさえできない。

私には24時間消えない痛みはないけれど、お年寄りの痛みは365日消えない。

私には毎日飲まなくてはいけない薬がないけれど、お年寄りには命に関わる薬が毎食後ある。

私は今後心配な重大な病気は特にないけれど、お年寄りにはいくつかある。

私は手も顔もしわくちゃではないが、お年寄りは鏡を見て悲しんでいる。

それでもお年寄りは、毎日気合いをいれて、がんばって生きている。


「お年寄りを敬いましょう」ってよく言います。

戦争を経験したとか、人生の荒波を乗り越えてきたとか、人生の大先輩だとか、いろいろな言葉でその理由を説明されます。でも、そんな説明はひとつもいらないんですよね。そんなことがあろうとなかろうと、お年寄りは無条件にすごいし、えらいんです。すべて理屈抜きなんです。そもそも最初っから、お年寄りにはかなうわけがないんです。

5　こちらの「ふつう」は捨てる。

老いた一日って、ふつうの一日とはちょっと違う。
認知症の一日って、ふつうの一日とはちょっと違う。
障害を持って暮らす一日って、ふつうの一日とはちょっと違う。
高齢者ケアには、まずその違いを知ろうとする責任感が必要なんです。

この本で何度もくり返しているように、お年寄りはただふつうにのんびりと暮らしているわけではありません。自分の人生が終わりかかっているということが特別じゃなかったら、何が特別なんでしょう。そこにあるのは命の終わりに向き合わなくてはいけない、「ふつう」ではない毎日なんです。

もし仮にあなたの家族が命に関わるような病気になって手術をするとします。執刀してくれる病院のお医者さんが、「ふつうにがんばります」って態度だったら誰も納得できませんよね。「いまはふつうにがんばるときじゃないだろ！」ってなりますよね。だから、高齢者ケアって「ふつう」にやっちゃ絶対にダメなんですよ。こちらが「ふつうじゃない」ときに、「ふつう」でいてもらってはお年寄りは困ってしまうんです。

命を預かる以上、「ふつう以外の方法」にやって正解なんですよね。

それは「身体」を預かって、「最後の暮らし」を預かって、そして、「最後の心」を預かるという意味で、「ふつう以外の方法」じゃないとどうにもならないんです。

改めて言います。

お年寄りは「ふつう」な状況ではありません。

だからこちらの「ふつう」にはこだわらず、捨ててしまう。


これはやっぱり高齢者ケアの基本なんですよね。

痛み、障害、老いだけがつらいんじゃない。それを抱えて人生の最後を暮らし、死に向かうことがつらくて不安で悲しいかもしれない。そこをなんとかしよう……！そんなふうに考える気概のようなものすら、高齢者ケアする人には必要なんじゃないかと私は思うのです。


そもそう思わない限り、ケアする側が苦しくなっちゃんです。

高齢者ケアって最初っからかなり特別ですからね。そこにはおしっこやうんこがあります。痛みや苦しみや涙があります。わがままや言いがかりがあります。腰を痛めますし、生傷が絶えません。夜勤もしなくてはいけません。そんな環境の中で、高齢者虐待なんてふつうには考えられないことまで起こってしまいます。そして、長い病苦との戦いがあり、その解放の瞬間に人生の幕を閉じるという一大事が起きる。それってただ、ごはんを運んで、寝かせたり起こしたりって仕事ではありませんよね。

だから業務マニュアルだけを見て高齢者ケアをしていたら、感覚がずれてしまって当然なんです。まずは「ふつう」の違いを先に考えてからやるべき高齢者ケアを考えないと、高齢者ケアする側だって心の整理がつかなくなってしまうんですよね。

6　高齢者という服を着ていると思う。

それでも完全にこちらの「ふつう」を捨て去ることは簡単ではありません。

こちらの「ふつう」レベルでついつい考えてしまったり、お年寄りを「自分より弱い人」と感じてしまいます。

でもそれって、本当は、逆なんですよね。

お年寄りは私たち以上に重石を背負っているんです。それは、「老い」という重石

です。つまり、お年寄りは弱いのではなく、高負荷を生きているんですよね。

しかし、人間の目って見た目通りに判断しようとしてしまいます。だからその高負荷を弱さと無意識に受け取ってしまいがちなんです。もちろん私だって、何気なくお年寄りと接していると、「お年寄りは弱くて、自分は強い」という意識になってしまっていることがあります。そこで私が、そんな間違いをしないようにいつもやっていることがあります。それは、お年寄りは「お年寄りという服」を着ていると意識することです。

顔のしわも白髪もありません。力のない目つき、こちらの見る疑わしい表情、そういったものも一旦置いておきます。そして、「お年寄りという服」を着ているんだと思い込みます。

私が話しかけるのはその中にいる人です。

そして、想像します。30代、40代の頃のこの人はきっと颯爽としていて、僕なんかは太刀打ちできなかっただろうな……。これだけ神経質だからお元気なころはきっとキッチリとした生活をなさっていたに違いないな……。よく見ると目がぱっちりして美人な顔立ちだなあ……。

そんなふうに、その当時の姿を思い起こします。同時に、入れ歯の口もとも、不自由な身体も、穏やかな雰囲気も、すべて着ている服だと思い込むんです。なので目の前のお年寄りは、いつも私よりも10歳くらいしか離れていません。

想像力だけでは足りないので他にもいろいろと工夫します。

たとえば若いころの写真を見せてもらったり、いつでも目につくところに飾っていただいたりもします。そうするだけでも「相手は見た目どおりのお年寄りだ」という先入観を取り払って、「相手は見た目はお年寄りだがそれは単なる『服』であって、中身は私たちと同じままだ」と意識を変えることができます。

くり返していると、だんだんその人のその姿が本当に「仮の姿」に思えてきます。

いいえ、多分、高齢の方の高齢な姿って、実はみんな、その人の「仮の姿」なんです。

ひょっとしたらお年寄りだって、そうとは口に出さないだけで、内心では思っているかもしれません。これは「仮の姿」なんだと。本来の自分はこの「仮の姿」の中にしっかりとあるのだからそっちを見てくれと。

そう思っていていただけているといいなあと私は思っています。

7　怒りはSOSと思う。

これまで５００人以上のお年寄りとおつきあいしてきました。それぞれの顔を思い出しながら、誰がいつどんなことで怒っていたかを思い出してみると、これまで怒った顔を見たことがない人ってほとんどいないんです。

持ち物をなくされたと怒る人。

お風呂で侮辱されて笑われたと怒る人。

やりたくないことをさせられて怒る人。

楽しいことを中断させられて怒る人。

本当は怒っているのに怒りたいのを我慢している人。

それはそれは、いろんな怒りがありました。


そもそもお年寄りには逃げ場がありません。

お年寄りは選べませんし、なにかを望んでも多くの制約があります。思いを奪われた心はいつでも痛みが残っています。老いることって、その苦しさと戦うことなのかもしれません。

つまり、お年寄りの怒りの根っこにあるものは、「老い」から逃れられない不安なんだと思うんです。


お年寄りの怒りはＳＯＳ。

苦しい、悲しい、不安だというサイン。

だとすると、そんな怒りと正面から戦っても解決できるわけがないんですね。

だからどんな場合でも、お年寄りの怒りに怒りを返さないでください。怒りには理解を返さない限り、解決の糸口は見つかりません。

まずは、どんな内容であっても受け入れてください。救助信号をしっかりと受け止めることです。そして、

「すみません。その代わりにこうしませんか？」

など、不安をぬぐい去るような言葉を伝えれば、きっとその怒りは時間をかけて溶け去っていくものだと思います。

逆に考えると、お年寄りが怒ったときは安心するきっかけをつくるチャンスなんですね。だからこそ、怒りに対してこちらの意見や感情をぶつけずに、まずは怒りの元になっていることから助け出そうとすることが大事ではないでしょうか。

8　今日一日を特別な一日だと思う。

老いることは誰にでも訪れます。

しかし、本人にとっては人生の一大事です。

……ガクン。

……ガクン。

自分の人生がはっきりと変化していきます。

後戻りのできそうにない変化を体験するたびに、頭の中にはさまざまなクエスチョンが浮かんできます。

……この先、自分は一体どうなるんだろう。

……これからどう生きていこう。

老いるって、のんびりとも、ゆったりともしていません。痛くて悲しくて情けないことばかりが続きます。絶句させられるような不安がどんどん胸の奥に積み重なっていきます。老いるとは結局、人生の終わりの始まりを察することなんです。本人にとって衝撃的とも言えることなんですよね。

その衝撃を感じた人と、まだそう感じていない人とでは「一日」の見え方がまったく違うと思うんです。

たとえば、少し前に書いた「桜」もそうです。

「天気が悪いから今年は花見に行けなかったね」

こんな言葉だって、老いたと自覚している人とそうでない人では重さがまるで違うかもしれません。高齢者ケアって、その重さの違いに気づく役割なんです。

お年寄りがケアを受けるその日一日は、その人に許された３０００日の人生の残り１０００日のうちの１日かもしれません。そんな特別な一日だから、うれしい日は１０００倍うれしいし、悲しい日は１００倍悲しいんです。**高齢者ケアをするんだったら、その貴重な一日に関わる恐ろしさのようなものをいつも感じていていないといけないと思うんですね。**

9　単なるお手伝いにならない。

高齢者ケアは暮らしのお手伝いをすることが全般です。それはおもに衣食住に関すること。施設ケアをやっていると、いつかそれが目的そのもののようにもなってしまいます。

でも、そもそもどうしてお年寄りの衣食住を手助けする必要があるのかというと、人生を終えようとしているのに食事もトイレもうまくできない、ただ穏やかに暮らしたいだけなのに身体がいうことをきいてくれない、そうしたことがつらい。だから手伝うんですよね。

つまり、高齢者ケアのそもそもの原点は「弱った体で人生を終えようとしている人の心を支えること」なんです。ただ単にそれが「できないこと」だから手伝うのではないんです。「できないことが切ないこと」だから手伝うんです。

支えるのは暮らしじゃない。

そもそもは心のほう。

高齢者ケアという役割が世の中に生まれたのは、人生の最後を切ない思いで過ごさせてはいけないという人間同士の責任のためです。切ない思いで過ごさせないということは「尊厳」という言葉にもつながります。高齢者ケアは「尊厳へのケア」そのものであることを忘れないでください。

だから、介護業務はゴールではありません。

それは尊厳をケアするアイデアのひとつにすぎないのです。

高齢者ケアは単なるお手伝いではありません。

やって終了、ではないのです。


つまり、お年寄りの心の中に、「生きる、生きたい、よりよく生きたい」という気持ちをわかせるのが高齢者ケアという仕事です。

これって本当にすごいことですよ。

病苦があるお年寄り。もう治らない障害を持ったお年寄り。どうしても前向きな気持ちになれないお年寄り。そんないろいろなお年寄りの「生きる力」を失わせないように働いて、毎日毎日をつくりだすのが高齢者ケアなんです。これほどすごい仕事ってなかなかないと思うんです。

人の死にもたくさんふれます。

そして、「生きるのは大変だけど、さあ、生きよう」と思った人の気持ちにもたくさんふれることができます。

そんな高齢者ケアの仕事って、私は、仕事の中の仕事だと思っています。

高齢者ケアだけでなくどんな仕事も「生きる力」につながるから人に必要とされます。**高齢者ケアは、お年寄りの「生きる力」を目指しています。それがお年寄りの心のスイッチをオンにします。そんな気持ちをいつも高めておくことが高齢者ケアをする人の気持ちもオンにすると思います。**

高齢者ケアって「ふつうの仕事」ではないんです。

だから、いつでもダイナミックにしていいものですし、自由な翼を広げていいものなんだと私は思っています。

10　高齢者ケアは長いホスピスだと考える。

高齢者ケアは緩和ケアです。
つまり、痛み、苦しみ、そして、悲しさを緩和するケアです。

生きる時間の「長さ」のためのケアではなくて、生きる時間の「質」のためのケアです。お年寄りは毎日自分の死について忘れることができません。それは、おなかに赤ちゃんがいるお母さんが毎日赤ちゃんのことを思うように、毎日いつもふとした瞬間に、（いつなのかな。私はこれからどうなるのかな。今日は元気でいれてよかったな。最後のときは痛くないといいなあ……）と、そんなふうに考えているものです。その傷ついた心の「質」を保つためのケアが高齢者ケアです。

そして、本人にしてみれば、高齢者ケアを受けるのはやむなくです。できれば家族や他人の世話にはならずに、できることは自分でしたいに決まっています。

（ああ、とうとうこういう世話を受けないといけなくなってしまったか、残念だ……！）

そう落胆しています。

その落胆も緩和ケアするべき対象です。

なのに、「できる限り、ご自分でやってくださいね！」なんて、さらに追い討ちをかけられるようなことを言われてしまっては、

（……そう言われても、今はもう強くなりたいなんて思っていないのに。私は助けてほしくてここにきたのに……）

そう感じて、さらに落胆するかもしれません。

お年寄りの傷ついた心はいつだって繊細で傷つきやすいんです。それはお年寄りだからではなく、人生の最後に差し掛かっているからなんですよね。

お年寄りとお付き合いしていると、たまにこんな言葉を聞きます。

「はあ～、長生きなんてするもんじゃないねえ」

そんな言葉です。

夜勤のトイレ介助の最中、私とふたりっきりの狭い場所でポツリともらすんです。

本当にどうしようもない、この先もどうなることやら、やれやれという表情で心の言葉が漏れてきます。そんなお年寄りの心の底にある言葉をもっと違う言葉に変えていくのが高齢者ケアの役割なんです。


「はあ～、長生きすればいいこともあるもんだねえ」

そんな言葉を作り出すのが高齢者ケアの役割です。

「長生きして良かった、ここで暮らせてよかった、人生の最後にあなたがいてくれてよかった」

と心から感じてもらえるような高齢者ケアをしないと毎日がんばる意味もないいんじゃないかなと私は思っています。

まわりにいる人を「社会死」させないためのちょっぴり長いあとがき

こんな話をよく聞きます。

家で暮らしているお年寄りの元に介護認定をするための調査員が来たら、それまではぼんやりしていたお年寄りが急にシャキッとして受け答えしてしまい、それを見たご家族がびっくりした……、というような話。

社会人として見事に生き返るんですよね。

いや、生き返るというよりも、その力は元々あるんです。態度や言動でその能力を発揮する機会がないがために、社会人として休眠状態になってしまっているだけなんですよね。社会人として生きるということは人間活動そのものです。人は誰でも、社会や世界にふれ続けていないと人間としての大事な部分が死んでしまうんです。

社会からの距離が遠ざかると、社会人として「休眠状態」になります。

さらには、社会人として「仮死状態」になります。

やがて、「社会死」してしまいます。
社会死とは「人間死」のことです。
深刻な老いの問題の多くは、その先にあるんじゃないでしょうか。

私が教室をおこなうと、ふだん傾眠ばかりしているお年寄りがしっかりと目を見開き、集中力を持続させ、言葉を発し、礼儀正しく受け答えしてくれることがあります。それを見た介護スタッフさんは驚いているんですが、それは単に、私が「一社会人」として現れ、相手のことを「一社会人」として接することがそうさせているだけなんです。つまり、介護認定調査員が来た時とそれほど変わらないことが起こっているんです。

社会人として声をかけ、社会人として1、2時間を過ごしてもらうこと。そのことがお年寄りの「生きる力」を湧かせ、「社会死」や「人間死」から遠ざける、いちばんの薬になっていると私は思っています。

※

高齢者福祉施設も地域コミュニティも、お年寄りを管理しようとせずに、まずは「社会人性」を少しでも伸ばすべきだと私は考えています。

安全管理を重視するばかりに、心を押さえつけて、心を切り離すような高齢者ケアは「責任感ばかりが妙に強い、冷たい高齢者ケア」にしかなりません。それはいたずらに認知症を促進します。多くの高齢者福祉施設はすでに「認知症作成工場」になっています。現場では薄々そうだと分かっているんです。衣食住だけをやっていてもお年寄りの心は温度を失っていくだけだと気づいているんです。しかし、ひとたび高齢者ケアが動き出すと、どうしても人間は「心」よりも「決めごと」を優先してしまうのです。

どこかでその流れを変えないといけません。

だから私は危機感をもって、この本を企画しました。

人間には、自分が社会人であり続ける「場」が必要です。

お年寄りをお年寄りとしてパッケージする社会福祉ではなく、お年寄りをできるだけ社会人として社会の「場」に組み込むことが、これからの日本の各地域の問題を解決するひとつの鍵になるのではないかと私は思っています。

※

さてみなさま、この本をここまで読んでいただき、ありがとうございました。

『老いてなお上々　お年寄りを笑顔にする50のスイッチ』は、私自身が高齢者のための移動教室や介護の取材の中で得た心の方針をまとめたものです。この数年間の活動や取材で感じ続けた思いを、この本にはぎっしりと詰め込むことができました。高齢者の暮らしのそばには、「高齢者と接する人が忘れてはいけない心がまえ」がいつも共有されているべきだと私は思っています。この本が、その整理にお役に立てれば何より幸いです。

その最後に、高齢者ケアをする方への私からの勝手なお願いを伝えさせていただきたいと思います。
老いは治すものではありません。
解決できないことがあってもいいんです。
まずは、お年寄りのいちばんの味方になってあげてください。
自然に毎日を暮らすための自然な支えであってください。
そして、あなたのまわりにいる人を「社会死」させないでください。あなた自身も
また、最後まで「社会死」しないような人生の計画やビジョンを持って、老いの日や
最後の日を迎える準備をしてください。それが私の願いです。

この本を刊行するにあたってさまざまな方にご援助いただきました。
燦葉出版社白井隆之さんには心から感謝いたします。
また、出版社の垣根を越えてご助言をいただいた編集者のみなさま、ありがとうご
ざいました。
そして、日々お年寄りと時間を共にしているケアスタッフさん、フロアリーダーさ

ん、施設長さん、生活相談員さん、ケアマネージャーさん、作業療法士の先生、高齢者福祉関係者のみなさまには、私の活動や、この原稿のためにいつも助けていただきました。また、事前に原稿を読んでいただき、様々なご助言いただいた専門家のみなさまにも心から感謝申しあげます。本当にありがとうございました。

そしてもちろんこれまで出会ったお年寄りのみなさん。日々、いろいろなことを教えていただいて、本当にありがとうございます。

みなさんには「結局、高齢者ケアは人間ケアであって人生へのケア」なんだと気づかせていただきました。

「老いた日々もなかなかいいもんだ」

誰もがそう思える社会となることが私の願いです。時折そんな表情を垣間見せてくれるお年寄りのみなさんにはいつも励まされています。老いてなお上々。多くの人がそんな言葉にたどり着けるよう、私自身一日一日を重ね、一回一回の教室を心を込めて続けていきたいと思っています。

●著者紹介

富永幸二郎

1972年福岡県生まれ。フリーランスライター。レクレーション専門介護士。
高齢者介護を取材しはじめたつもりが、いつの間にか高齢者福祉施設内での訪問教室「来てくれる教室」を主催運営している。現在、おもに訪問している施設は、特養、老健、有料老人ホーム、グループホーム。地域向けサロン（頭心体の健康をテーマにした場作り活動）もおこなっている。また、重症心身障害児（者）施設内では「チャレンジの会」を開催。活動の詳細やご支援については「来てくれる教室」ウェブサイトへ。
「来てくれる教室」ウェブサイト URL
http://www.otominaga.com/kitekyo/index.php
（もしくは、「来てくれる教室」で検索してください）

大きなキャリーケースの中には、赤いエプロン、たいこ、iPad、BOSEのスピーカー、紙芝居、歌の歌詞、おみやげで渡す小冊子、顔当て写真集、極太ホワイトボードマーカー、拡声器、集音器、リコーダー、募金箱、……などなどがぎっしりと詰め込まれています。
（写真撮影・木村元）

老いてなお上々—お年寄りを笑顔にする50のスイッチ—

（検印省略）

2016年２月10日　初版第１刷発行

著　者　富永　幸二郎
発行者　白井　隆之

発行所　燦葉出版社　東京都中央区日本橋本町 4-2-11
電 話 03(3241)0049　〒 103-0023
FAX 03(3241)2269
http://www.nextftp.com/40th.over/sanyo.htm
印刷所　日本ハイコム株式会社

ⓒ 2016 Printed in japan
落丁・乱丁本は、御面倒ですが小社通信係宛御送付下さい。
送料は小社負担にて取替えいたします。